Imprimé au Canada par
Transcontinental Métrolitho

52 façons de développer son estime personnelle et sa confiance en soi

Catherine E. Rollins

52 façons de
DÉVELOPPER SON ESTIME PERSONNELLE ET SA CONFIANCE EN SOI

Les éditions Un monde différent ltée
3905, rue Isabelle, bureau 101
Brossard (Québec)
Canada J4Y 2R2
Tél.: 450 656-2660

Cet ouvrage a été publié en langue anglaise sous le titre original
52 WAYS TO BUILD YOUR SELF-ESTEEM AND CONFIDENCE
Published by Oliver-Nelson Books a division of Thomas Nelson, Inc.
Nashville, Tennessee
Copyright © 1992 by Jan Dargatz

©, Les éditions Un monde différent ltée, 1993
Pour l'édition en langue française

Dépôts légaux: 3e trimestre 1993
Bibliothèque nationale du Québec
Bibliothèque nationale du Canada

Conception graphique originale de la couverture:
RICHMOND & WILLIAMS

Réalisation graphique française:
SERGE HUDON

Version française:
CHRISTINE SHEITOYAN

Photocomposition et mise en pages:
COMPOSITION MONIKA, QUÉBEC

ISBN: 2-89225-216-4

*Mes remerciements à Fred,
Jan, Les et Bobi pour ce qu'ils
sont dans leurs vies et pour
leur amour*

Table des matières

Introduction

L 'estime personnelle et la confiance en soi ne sont pas des qualités innées. Nous devons les acquérir avec l'aide de quelqu'un, quelque part.

Ceux qui devraient idéalement nous transmettre ces qualités, ce sont d'abord nos parents. Mais parfois ils échouent. Leur échec est attribuable, en général, à de la négligence, de l'oubli ou du rejet bien involontaire de leur part, compte tenu du fait que des circonstances indépendantes de leur volonté souvent, ont en partie été créées. Leur incapacité à nous inculquer l'importance de notre valeur personnelle et à nous fournir le savoir-vivre nécessaire pour aborder l'âge adulte avec confiance est rarement intentionnelle.

Dans de nombreux cas, *leurs* propres parents n'ont pas réussi à leur procurer tout ce dont ils avaient besoin, et ils ne font que transmettre leur manque de savoir-faire comme parents. Malheureusement, nous comprenons beaucoup mieux cette situation à l'âge adulte que durant l'enfance.

Durant l'enfance, c'est par intuition seulement que nous sentons que nos parents ne répondent pas à tous nos besoins et qu'ils ne nous témoignent pas pleinement leur approbation. Nous ignorons que des aspects de notre personnalité sont en train d'être bafoués ou négligés. Nous savons seulement que nous éprouvons un besoin maladif pour quelque chose de plus. Les peines s'enracinent. Les blessures intérieures couvent. Et quand nous émergeons à l'âge adulte, avec nos peines et nos blessures encore présentes, nous sommes alors un peu plus conscients de nos déficiences et nous ressentons notre immaturité, nos défauts et nos carences affectives avec un peu plus d'intensité.

Que pouvons-nous faire? D'abord, nous devons pardonner à nos parents. Sinon nous sommes condamnés à revivre sans fin les manèges émotionnels du passé. Le pardon nous libère de leur influence et nous permet d'affronter l'âge adulte sans détour.

Deuxièmement, nous devons affronter nos peines et nos carences affectives, les définir de notre mieux et choisir les meilleurs moyens grâce auxquels nous pouvons nous guérir ou faire en sorte que les autres puissent nous aider durant le processus de guérison.

Troisièmement, nous devons décider consciemment d'évoluer vers la réalisation complète de notre être. Nous devons prendre la décision par nous-même de *devenir* des adultes à part entière. La résolution de développer son estime personnelle et sa confiance en soi signifie, en fin de compte, que nous voulons devenir une personne entière, une personne dont l'âme, l'esprit, les émotions, le corps et les rapports humains forment un tout.

Certaines personnes sont victimes de mauvais traitements, de sévices, d'outrages sexuels, émotionnels et mentaux au cours de leur enfance. Dans leur cas, la douleur infligée par leurs bourreaux est intentionnelle, ou du moins consciente, et crée, par conséquent, beaucoup plus de dommages chez les victimes. Le pardon peut être alors plus difficile à accorder. Les blessures peuvent prendre plus de temps à cicatriser. Néanmoins, le processus de guérison *est* possible. Peu importe combien furent pénibles les premières années, personne n'a besoin de rester enchaîné pour toujours dans une piètre idée de soi-même ou un manque de confiance personnelle.

Enfin, un grand nombre de personnes qui ont vécu une enfance magnifique ont, par contre, souffert à l'âge adulte, de persécutions commises par d'autres adultes — notamment des époux, des superviseurs, des professeurs ou même des «amis». Cela peut se manifester sous la forme de rejet. Dans ce cas, à l'âge adulte, l'estime de soi et la confiance qui étaient jusqu'alors positives sont sérieusement secouées, sans que la personne atteinte s'en rende vraiment compte. Ce qui motivait déjà toute son assurance est en un rien de temps ébranlé; ce qu'elle trouvait auparavant naturel l'est moins tout à coup; ce qu'elle considérait comme vrai devient brusquement suspect; ce sur quoi elle comptait est remis en question du jour au lendemain.

Ici encore, le processus de croissance demeure essentiellement le même: pardonner à la personne qui vous a fait de la peine, affronter ses blessures, et s'efforcer résolument de retrouver son intégrité.

Ce livre se divise en deux parties:

1. une série de «choix fondamentaux» qui sont vitaux pour acquérir ou retrouver son intégrité;

2. une série de «mesures pratiques», d'actions à entreprendre pour combler les vides de son existence, pour calfeutrer les brèches, pour cicatriser les blessures.

Il n'est pas facile d'acquérir une vision de soi-même et une confiance positives qui permettent d'affronter non seulement «l'avenir», mais également les défis de tous les jours. Pourtant, cet objectif est réalisable et représentera toujours un très grand défi personnel. J'espère que ce livre saura vous aider en cours de route.

Les choix fondamentaux

1 Prononcez-vous en faveur de la vérité

*P*lusieurs d'entre nous aimeraient vivre sans cesse dans les pays imaginaires de leur création et balayer sous chacun des tapis magiques qu'ils rencontrent, les preuves de leur réalité. Mais alors, l'idée qu'ils se font d'eux-mêmes au royaume de l'imagination est fatalement *irréelle*.

Pour acquérir ou recouvrer une identité positive de vous-même, vous devez d'abord choisir d'affronter la vérité à votre sujet et puis décider de ce que vous allez faire.

Posez-vous ces deux questions clés:

1. Suis-je capable de reconnaître un mensonge quand j'en entends un?

Très souvent, nous ne sommes pas conscients, ou refusons de faire face au fait que ce qui nous est dit — sur les événements, les relations et, plus important, sur nous-mêmes — n'est simplement pas vrai. Souvent, nous laissons les déclarations d'«amour» nous masquer la vérité. *«Il disait qu'il m'aimait. Alors, je croyais que ce qu'il disait à propos de moi-même était vrai.»* «Elle me mentait tout le temps.

Mais c'était trop douloureux d'admettre que quelqu'un qui m'aime puisse me mentir.»

2. Face à la vérité, est-ce que je fais la sourde oreille ou je nie?

Si vous répondez oui, demandez-vous pourquoi. Pourquoi choisiriez-vous le mensonge plutôt que la vérité? Est-ce que vous avez l'impression que la vérité est plus douloureuse que le mensonge? Au bout du compte, le mensonge fait toujours beaucoup plus de mal. Quand vous affrontez carrément la vérité et que vous adoptez l'attitude optimiste du genre: «Si c'est mal, je peux réparer mes torts, si c'est un péché, je peux me repentir, si c'est mauvais, je peux chercher une façon de faire le bien», la vérité n'est pas seulement libératrice, mais elle représente le premier pas vers un lendemain meilleur.

Plusieurs autres questions importantes au sujet de la vérité sont à considérer:

* Qui doit me dire qui je suis et ce que je peux faire? Qui doit définir ma condition sociale et ma valeur dans la vie?

À qui donnez-vous le pouvoir de vous définir? Est-ce à votre mère décédée il y a 20 ans? À votre conjoint? À votre enfant majeur? Vous êtes le produit d'une série de définitions que l'on a faites de vous et que vous avez acceptées comme étant vraies. Il est bon d'y revenir périodiquement et de réexaminer à qui vous avez donné le «pouvoir de vous définir».

* Les personnes de qui je tiens les définitions de moi-même sont-elles dignes de confiance?

Qu'est-ce qui les motive à vous révéler leurs perceptions sur vous-même? Qu'est-ce que cela leur rapporte? Pourraient-ils se tromper? Pourraient-ils être mal renseignés? Pourraient-ils mentir intentionnellement? Pourraient-ils, par mégarde, vous démolir pour mieux se mettre en valeur? Pourraient-ils projeter sur vous leurs carences affectives?

• L'information que j'implante en mon for intérieur et que j'adopte comme vraie a-t-elle, en fait, un fondement réel?

Pouvez-vous citer des preuves à l'appui pour les conclusions que l'on a tirées à votre sujet? Est-ce que vous prenez les choses au pied de la lettre sans demander de preuves? Est-ce que vous interrogez les témoins de votre vie?

Dans votre recherche de vérité, choisissez de fréquenter ceux qui disent la vérité. Demandez-leur pourquoi ils croient ce qu'ils disent à propos de vous. Demandez-leur à partir de quelles preuves ils fondent leurs conclusions. Questionnez-les sur leurs motifs.

Et par-dessus tout, si ce qu'ils proclament comme la «vérité» s'avérait entièrement négatif, exigez qu'ils vous donnent aussi la «vérité» positive à propos de vous. Ce n'est qu'à ce moment-là que vous pourrez avoir un compte rendu équilibré. Méfiez-vous au plus haut point des personnes qui ne font ressortir que vos imperfections et vos échecs, et qui n'applaudissent jamais à vos forces et vos succès. Elles ne vous racontent pas toute l'histoire. Et une histoire incomplète ne constitue pas la vérité.

2   *Optez pour la joie*

*L*a joie est un choix. La plupart des gens ne le croient pas, pourtant c'est un fait. Dans la vie, nous pouvons choisir de nous réjouir ou d'être morose.

La tristesse est une émotion valable. Le chagrin fait partie de l'expérience humaine. L'ensemble des émotions qui s'offrent à nous tous incluent les émotions négatives. Un côté sombre se trouve en chacun de nous. En choisissant la joie, nous ne nions ni l'existence ni la valeur de la douleur. Nous choisissons simplement de ne pas vivre continuellement dans cette émotion.

Plus que le bonheur

La joie est une émotion qui surpasse le bonheur. Le bonheur est conditionnel aux circonstances extérieures — l'arrivée d'une surprise agréable, l'aube d'un matin ensoleillé, le sentiment chaleureux de se blottir dans l'amour du foyer familial. La joie n'est pas enracinée à l'extérieur, mais à l'intérieur. Elle est une attitude qui se fonde sur les convictions suivantes:

•   La vie est importante;

- La vie a une direction;
- La vie compte un sens et un but;
- La vie est riche de promesses;
- Sa direction, son sens et ses promesses valent qu'on se donne la peine de les rechercher et de les atteindre.

La joie réside dans la conviction que la vie a du *bon* et que vous avez du *bon*; et que tout comme la vie, vous avez la capacité de vous améliorer.

Plus que de la pensée positive

La joie surpasse la pensée positive. C'est plus que de se répéter le matin dans son miroir: «Je suis le plus grand.» La joie ne «vient pas» à vous: elle naît de vous. La joie est cette étincelle au centre de votre être que vous *refusez* d'éteindre quelle que soit la violence avec laquelle soufflent les vents du malheur ou à quel point les circonstances sont sombres.

Comment pouvez-vous éprouver plus de joie aujourd'hui? La joie survient quand vous dominez la peur de votre regard et que vous lui dites:«Je ne laisserai pas la peur submerger ma barque. Je ne laisserai pas les ténèbres m'envahir. Je ne laisserai pas l'échec me consumer. Je vais louer Dieu et exulter de joie dans la vie, quoi qu'il advienne.»

Optez pour la joie aujourd'hui. Décidez que votre perception de vous-même sera celle d'une personne joyeuse. Vous avez le pouvoir de l'être, peu importe les difficultés à venir durant l'épanouissement de votre confiance et de votre estime personnelle.

3   *Choisissez la vie*

*L*a personne qui a subi une épreuve difficile traverse presque toujours une période durant laquelle, tout au moins, elle souhaite pouvoir ramper dans un trou quelque part et s'y enterrer. Parfois, elle souhaite ardemment s'échapper, se retirer ou disparaître simplement pendant quelque temps.

Les blessures émotionnelles qui accompagnent une épreuve sont très réelles et très douloureuses. Nous ne devrions jamais sous-estimer leur force ou leur capacité de se convertir, avec le temps, en une amertume néfaste. Le désir de fuir quand nous sommes blessés est une réaction normale. Quand le moi est affligé d'une quelconque façon, le désir de se retirer de la vie est inévitable.

Arrive le moment crucial, cependant, où vous devez choisir de recommencer à vivre. Choisir de revenir à la surface. Choisir d'étreindre de nouveau la vie dans vos bras. Choisir de continuer!

Choisissez une vie riche, abondante, merveilleuse

Ne décidez pas simplement de survivre. Essayez de voir au-delà de votre douleur actuelle et d'imaginer une vie dans laquelle vous *ne faites pas* que vous accrocher du bout des doigts ou n'envisager que des problèmes. Imaginez le jour où vous serez à nouveau fort, prospère et vibrant d'émotions.

Donnez à votre vie un sens et un but

Dans votre cœur et votre esprit, donnez-vous une raison pour aller de l'avant dans la vie. Vous pouvez avoir besoin de parler à un conseiller professionnel afin qu'il vous aide à déterminer dans votre vie ce que *vous* considérez toujours comme un «but» ou un aspect utile pour votre vie.

Tout être humain a quelque chose à donner. Y compris, *vous!* Quelle contribution pouvez-vous apporter aux autres? Pensez-y. Écrivez-le. Puis, choisissez d'en faire don. En agissant ainsi, vous choisirez la vie et non la mort.

4 *Préférez le jour présent*

C haque matin qui s'offre à vous est une nouvelle occasion de recommencer à neuf, de
jouir de la réussite, d'être tout ce que vous pouvez
être, de vivre votre vie pleinement.

Quand l'estime de soi ou la confiance en a pris
un sérieux coup, la tendance de l'être humain est
de se replier sur le passé.

Fermez la porte au passé

La personne qui se sous-estime se blâme presque toujours pour les échecs du passé. Il est donc
utile d'examiner le passé en vue de:

- déterminer votre part véritable dans la responsabilité de cet échec.

- d'analyser ce que vous avez fait pour être
  conduit à cet échec — les décisions que vous
  avez prises, les mesures que vous avez choi-
  sies et le moment où elles deviendront agis-
  santes, les raisons sous-jacentes erronées ou
  les preuves injustifiées sur lesquelles repo-
  saient vos actes, et ainsi de suite.

- trouver une solution à ce que vous auriez dû
  faire. Ceci vous aidera à mieux agir si, dans

l'avenir, vous faites face à un concours de circonstances semblables.

Pardonnez-vous pour votre part de responsabilité dans cet échec. Acquittez-vous de toutes les amendes honorables et de toutes les gratifications que vous pouvez ou que vous vous croyez devoir faire, et puis fermez la porte au passé. Prenez la décision de *ne pas* y demeurer. Prenez la décision de ne pas vivre toute votre vie durant les yeux fixés sur le rétroviseur.

Tenez votre avenir à distance

Une deuxième tendance qu'adopte la personne atteinte d'une faible estime personnelle, c'est de regarder l'avenir et de se dire: «Je n'ai pas ce qu'il faut pour réussir de nouveau (ou pour de bon).» La question clé que vous devez vous poser est celle-ci: «Pourquoi pas»? Qu'est-ce qui a changé en *vous*, pas ce qui a changé à propos des circonstances environnantes? Vous pouvez avoir été profondément blessé, rejeté ou victime de mauvais traitements, mais l'essence de votre être — vos talents, vos traits de personnalité, vos expériences, vos compétences, votre créativité intrinsèque — ne peut jamais être volée ou détruite par quelqu'un d'autre. Cette partie de vous ne peut être mise sous clé que par vous. Vous *possédez* bel et bien ce qu'il faut pour vous créer un avenir merveilleux.

- Apprenez à vivre une journée *réussie*. Intégrez à votre programme quotidien une ou deux habitudes que vous estimez être valables.

Fixez-vous un ou deux objectifs «de choses à faire» pour vous-même. Au travail, concentrez-vous chaque jour, sur un objectif ou deux. À la fin de la journée, faites le bilan et contemplez pendant quelques instants ce que vous avez accompli de positif.

• Si vous trouvez que vous ne réussissez pas à atteindre vos objectifs quotidiens, modifiez-les pour que vous puissiez y parvenir!

Il se peut que vous visiez trop haut. Réussir sa journée peut signifier simplement vous habiller, manger vos trois repas, promener le chien, sortir les ordures ménagères, faire deux appels téléphoniques et aller chez l'épicier. C'est *vous* qui définissez les critères de votre propre réussite.

Que se passe-t-il lorsque vous mettez bout à bout une succession de journées très réussies? Vous obtenez au bout du compte une vie réussie. Choisissez de vivre le jour présent. C'est le seul temps que vous pouvez vraiment maîtriser.

5 *Prenez le parti de grandir*

*V*ous souvenez-vous, au cours de l'enfance, comment vous vous sentiez en présence des grandes personnes? Les grandes personnes se la coulaient douce. Elles pouvaient faire ce qu'elles voulaient, quand elles le voulaient, et elles pouvaient mener leur barque.

Mais, avec le temps, la vie vous semble devenir plus difficile. Les adultes ne réussissent certainement pas à tous les coups comme ils le souhaiteraient. Vous finissez par vous apercevoir néanmoins que c'est toujours bon de grandir.

Grandir signifie changer. Et changer, c'est redoutable, car cela suppose un risque. Décidez de le courir ce risque. Toutes les personnes que j'ai connues et qui ont entrepris de grandir et de changer ont avoué, une fois cette étape passée:«Je suis content de l'avoir fait. Cela en valait la peine. Je me sens beaucoup mieux aujourd'hui qu'auparavant.»

Obtenez de l'aide professionnelle

Vous pourriez découvrir d'excellentes occasions de vous développer en parlant à un spécialiste du domaine dans lequel vous souhaitez vous orienter. Si vous avez besoin de conseils en ce qui concerne votre carrière, voyez un conseiller en orientation. Si vous avez besoin d'aide psychologique, consultez un psychologue. Si vous avez besoin d'aide spirituelle, recherchez un guide ou un prêtre qui a une formation comme conseiller.

Acquérez de nouvelles connaissances

Pour stimuler votre développement mental, vous devez constamment absorber des «données». Les connaissances se présentent sous de multiples formes: les cours, les manuels, les magazines, les films, les galeries d'art, les musées, les bibliothèques. Offrez-vous les meilleurs professeurs que vous pouvez trouver.

Accumulez de nouvelles expériences

Avez-vous déjà fait l'expérience des montagnes russes? Avez-vous déjà vu la mer? Avez-vous déjà fait de l'escalade en montagne?

Dans une relation, qu'elle soit personnelle ou professionnelle, une partie du processus de croissance semble immanquablement exiger que chacun soit confronté l'un à l'autre. Apprenez à livrer une bataille honnête avec ceux qui vous entourent. Apprenez à explorer des moyens pour communiquer et vous fixer des buts. Dépasser la confrontation peut supposer de décider, de part et d'autre, de continuer à consulter, à acquérir des connaissances ou à accumuler des expériences ensemble.

Il n'existe vraiment rien de tel qui «ne fasse que subsister pour toujours». Se maintenir est possible pour un moment, et la personne dont l'estime personnelle a souffert a besoin parfois de «simplement persister». (Souvent, c'est tout ce qu'elle peut faire. Dans son cas, continuer de dormir, de manger, de jouer, de travailler constitue en fait un régime de croissance qui sert à développer sa force). Tôt ou tard, nous avons tous besoin de dépasser l'état apparent de «simple subsistance». Au bout du compte, dans la vie, tout ce qui ne grandit pas finit par mourir.

Prendre le parti de grandir, c'est choisir en partie la vie.

6 *Acceptez le pardon*

« *P* ardonner et oublier» est une phrase que nous connaissons tous. C'est pourtant un mauvais conseil, car il est impossible pour aucun d'entre nous de pardonner et d'oublier de façon définitive.

Il est possible de pardonner, mais pas d'oublier.

Peu importe les efforts que vous pourriez y consacrer, vous ne pourrez jamais véritablement oublier une expérience que vous avez eue. Les neurologues nous affirment que toute personne dotée d'un cerveau normal peut se rappeler *tout* incident qui s'est produit dans sa vie. Si vous n'emmagasinez pas toute l'information que vous possédez dans votre esprit conscient, par contre, vous ne perdez jamais aucune information une fois que vous l'avez enregistrée. Elle se cache toujours quelque part en vous.

Cependant, ce qui est bien avec le pardon, c'est que nous avons le sentiment, face aux événements inoubliables de notre passé, d'y avoir mis de l'ordre, de les avoir réglés, et de leur avoir donné un sens. En cela, le pardon guérit.

Pas le procureur

Agir comme procureur vis-à-vis une autre personne demande énormément d'énergie émotionnelle et mentale. Vous devez constamment examiner ce qu'elle a fait à la lumière des conséquences actuelles. Vous devez continuellement penser à elle pour essayer de comprendre les motifs de son crime. Vous devez toujours être en train de rechercher des preuves reliées à son comportement. En fait, tenir le rôle du procureur épuise au plan émotionnel.

Pas le juge

Pour juger une autre personne, cela demande également de la sagesse que nul d'entre nous ne possède. Vous ne pouvez jamais comprendre pleinement l'autre personne, c'est-à-dire connaître toutes ses raisons pour avoir fait et avoir dit certaines choses, connaître tout de son passé ou de sa personnalité, ou savoir avec certitude que la «sentence» que vous lui réservez est la plus juste ou la plus rédemptrice.

La personne qui pardonne dit:

- «Je pense que tu as été un parent minable. Mais je ne t'en tiens plus rigueur. Je suis désormais responsable de mon évolution comme adulte. Je te pardonne pour ce que tu as fait, et je me libère de ton influence incessante dans ma vie présente.»

- «Je pense que tu as été un conjoint qui abusait de moi. Mais je ne veux plus continuer de subir tes sévices. Je me détache de toi mentalement et émotivement pour pouvoir être libre.»

- «Je pense que tu as eu tort de me congédier. Mais je refuse que mes pensées s'attardent sur toi plus longtemps. Je te libère de mon esprit et de mon cœur. Je décide dès aujourd'hui de penser positivement à mon prochain emploi.»

- «Je ne crois pas que tu aies vraiment essayé de m'aider ou de m'assister dans ma croissance. Mais je choisis de te pardonner pour ne pas avoir été tout ce que je pensais que tu aurais dû être à mon égard. Je choisis de devenir responsable de ma propre vie, d'obtenir l'aide dont j'ai besoin, et d'évoluer selon mon désir.»

Le pardon vous libère, il vous permet de composer avec votre présent et de bâtir des plans pour votre avenir. Il vous place dans la position où vous n'êtes plus «sous l'influence» du comportement néfaste d'une autre personne, y compris d'une attitude qui porte atteinte à votre estime personnelle et fait du tort à votre confiance.

7   *Choisissez de recevoir*

*V*ous n'avez pas développé une piètre estime personnelle tout seul. Quelqu'un vous a aidé en cours de route à cultiver à propos de vous ces pensées négatives. Par des commentaires destructeurs, des paroles dénigrantes, un manque d'attention ou d'encouragement, une personne (ou plusieurs) ont contribué à empêcher votre moi de grandir.

La situation contraire est également vraie. Vous n'acquerrez pas une estime personnelle positive tout seul.

Choisissez de vous entourer de personnes qui ont une estime personnelle positive. Conversez avec elles, observez-les. Apprenez à leur contact. Demandez-leur conseil.

Choisissez de vous entourer de personnes qui vous encouragent. Tout le monde a besoin d'un meneur de ban. Cela ne veut pas dire que l'autre personne ne voit pas vos défauts ni qu'elle est indifférente à votre comportement négatif, mais seulement que la personne *veut* vous voir réussir et évoluer, et qu'elle aime vous encourager.

Choisissez de vous associer à des personnes en croissance. Leur enthousiasme de la vie vous inspirera. Les réflexions qu'elles font sur leurs propres expériences vous aideront.

Choisissez de vous rallier à des personnes qui veulent vraiment être vos amies et que vous souhaitez aussi comme amies. Le monde compte des millions d'êtres positifs, encourageants, en évolution. Vous ne pouvez pas tous les avoir comme amis. Tentez de développer quelques amitiés intimes avec lesquelles vous donnerez et recevrez généreusement.

Choisissez de vous associer avec des personnes qui cultivent envers le monde l'attitude du don. Associez-vous aux personnes qui veulent faire une contribution à la vie, qui veulent voir la solution aux problèmes, l'assouvissement des besoins, la réalisation des progrès, l'amélioration des mauvaises situations. Ne vous attendez pas à être l'objet de leur générosité, tout comme vous le seriez avec elles.

Choisissez de recevoir les bonnes choses qu'on désire vous offrir. Acceptez l'aide constructive des gens. Tenez compte de leurs compliments. S'ils vous offrent d'être avec vous dans un moment difficile, ne dites pas non. Ouvrez vos bras et acceptez ce qu'ils ont pour vous.

La personne qui se sous-estime se tient souvent sur ses gardes. Beaucoup trop de gens lui ont fait de la peine sous prétexte de l'aider. Elle a été blessée au nom de l'amour. Si c'est votre cas, vous allez devoir faire le choix conscient de vous ouvrir et de recevoir.

• Choisissez avec sagesse vos donateurs.

- Choisissez de ne recevoir que ce qui vous aide.
- Choisissez de n'accepter que ce que vous êtes capable de recevoir.

Plus vous imprégnez en vous des opinions et des renseignements positifs, encourageants et constructifs à votre sujet, plus votre estime personnelle grandit.

Les mesures pratiques

8 *Dites simplement: «Non».*

S i quelqu'un vous dit:

«Vous n'êtes pas assez bien.»;

«Vous ne convenez pas.»;

«Vous n'avez pas ce qu'il faut.»;

«Vous n'êtes pas aimable.»;

«Vous n'en valez pas la peine.», dites-lui simplement: «Non. Vous vous trompez à mon sujet.»

Tenez-vous debout! Ne vous abaissez pas à laisser l'autre personne piétiner votre âme!

Avant d'adopter une attitude fortement sur la défensive, assurez-vous d'abord que vous avez saisi pleinement le sens du jugement fait à votre sujet. Avec le plus de maîtrise et de fermeté possible, interrogez la personne jusqu'à ce que vous dégagiez vraiment l'intention réelle derrière son jugement:

• «Quand vous dites que je n'ai pas ce qu'il faut, entendez-vous par là qu'il me manque des compétences ou de la formation, ou bien vous pensez que je suis une personne déficiente?»

- «Quand vous dites que je ne suis pas aimable, entendez-vous par là que vous êtes incapable de m'aimer, ou bien que j'ai certaines qualités ou certains comportements que vous n'appréciez pas?» (Présumez toujours que l'appréciation et l'amour sont deux émotions différentes, et qu'elles ne vont pas toujours ensemble).

- «Quelles sont les preuves qui vous amènent à conclure que je ne conviens pas? Est-ce que ce sont mes qualifications ou ma personne qui font que je ne suis pas convenable?»

Vous êtes en droit

Vous êtes en droit d'obtenir une réponse aux accusations dirigées contre vous. Les réponses peuvent ne pas correspondre à ce que vous voulez entendre, mais écoutez-les très attentivement pour apprendre tout ce que vous devez assimiler. D'autre part, si vous n'avez pas les compétences et les qualités exigées, prenez la position à savoir que ce sont des choses que vous pouvez apprendre ou développer. La raison pour laquelle vous n'avez pas été choisi concerne vos qualifications, et non pas la nature de ce que vous êtes.

Si, d'autre part, le jugement vous attaque personnellement — remet en question votre droit d'être, vos droits humains fondamentaux ou vos droits légaux — tenez bon et relevez la remarque. Répondez: «Je ne suis pas d'accord avec vous. Je pense que vous avez une fausse (ou étroite) perception de moi.» Énoncez les raisons qui sous-tendent votre conclusion.

«Mais que faire si la personne est plus grande que moi?», vous demanderez-vous peut-être, (ou «plus forte que moi?», «plus puissante que moi?», ou «plus rusée que moi?») Tenez bon quand même.

Vous méritez mieux

Même si quelqu'un essaie d'user de violence envers vous, dites-lui carrément: «Vous n'avez pas le droit de me faire ceci ou de me dire cela. Je mérite mieux.»

Si vous croyez être victime de fausses accusations, vous serez peut-être obligé d'en référer à une instance supérieure.

Vous serez peut-être forcé d'intenter un procès.

Vous serez peut-être contraint de prendre la fuite. (Cela ne sert pas à grand-chose de tenir son bout au point de se faire tuer ou estropier).

Si vous agissez ainsi, cependant, soyez certain de faire un geste qui relève de votre libre arbitre. Que vous le criiez dans le vent, ou le murmuriez devant votre miroir, proclamez en vous-même: «Je suis un être précieux. Je suis digne d'être aimé. Je peux faire des erreurs, mais je suis un être de valeur.»

Dites non à celui qui essaie de vous démolir ou de briser en mille miettes votre valeur personnelle. Dites non à celui qui essaie de miner votre confiance en vous. En agissant ainsi, vous dites oui à votre être.

9   *Ne vous dépréciez pas*

*V*ous avez déjà dû entendre ces phrases:
«Oh! je ne le mérite pas!», ou «Je suis un petit rien du tout» ou «Je ne suis pas à la hauteur.»

Est-ce que vous vous rendez coupable de telles affirmations à votre sujet?

Est-ce que vous vous traitez de stupide ou de toutes sortes de noms dépréciateurs?

Si oui, cessez.

Ne vous rabaissez jamais, jamais, jamais

Chacun de nous éprouve assez de difficultés à résister aux remarques jalouses, imbéciles, désobligeantes et blessantes d'autrui. Nous n'avons pas besoin de nous infliger de souffrances additionnelles.

Que se passe-t-il lorsque vous passez un commentaire négatif à propos de vous-même?

• Premièrement, vous renforcez cette idée dans votre propre esprit.

Ce sont vos deux oreilles qui, habituellement, sont les premières à entendre ce qui sort de votre bouche. Si vous croyez ce que vous dites, vous allez penser que vous êtes comme vous vous décrivez!

- Deuxièmement, vous implantez cette idée dans l'esprit des autres.

Ils vont bientôt se dire: «Eh bien, si elle pense qu'elle est stupide, c'est qu'elle l'est probablement» ou «S'il pense qu'il est imbécile, il y a de fortes chances qu'il sache de quoi il parle.» Les autres se mettent à avoir une idée de vous qui correspond exactement à celle que vous leur proposez, et la prochaine chose que vous saurez, ils vous traiteront de la façon que vous leur avez suggérée — comme un imbécile, un empoté ou un perdant!

Si vous déclarez à quelqu'un que vous ne méritez pas telle chose, il est probable que la prochaine fois, on ne vous l'offrira pas. Si vous dites à quelqu'un que vous ne valez rien, la prochaine fois que vous demanderez une augmentation, vous ne l'obtiendrez probablement pas. Si vous affirmez que vous êtes un rien du tout, vous ne recevrez vraisemblablement plus d'invitation à sortir.

Soyez sincère

«Mais», protesterez-vous, «je ne fais que blaguer.» Ne badinez pas. Quand il s'agit de qui vous êtes, soyez sincère.

«Mais», me direz-vous, «si je ne dis pas des choses du genre, les gens vont croire que je suis orgueilleux.»

Vous n'avez pas besoin de dire des choses sur un ton pédant. Plutôt que de dire une remarque qui vous diminue, ne dites rien du tout! Ou dites simplement: «Merci» ou «C'est fantastique!» ou «Quel pays!» ou «Je promets de faire encore mieux la prochaine fois!»

Même si vous êtes surpris de gagner un prix, ne dites pas: «Oh! Vous auriez dû choisir quelqu'un d'autre!»

Même si vous êtes reconnaissant d'avoir été honoré, ne dites pas: «Oh! Je ne le mérite vraiment pas!»

Même si vous vous demandez pourquoi on vous invite ou on vous offre un rôle, ne dites pas: «Êtes-vous certain d'avoir choisi la bonne personne?»

Les gens ont tendance à vous imaginer d'après ce que vous leur suggérez. Par conséquent, suggérezleur de belles choses.

10   *Dominez votre plus grande peur*

*L*a peur est la compagne silencieuse d'une piètre estime de soi. Ceux qui sont aux prises
avec une piètre estime de soi éprouvent d'habitude
un profond sentiment de peur. Dans bien des cas,
on fait référence à ce sentiment de peur en termes
de «malaise», d'«inquiétude», ou de «préoccupa-
tion». Souvent, lorsqu'on l'interroge, la personne
ne sait pas ce qui l'inquiète; ou encore, elle peut
être en mesure de décrire ses malaises, mais sans
pouvoir les identifier à la peur.

La peur que nous partageons tous, en fin de
compte, est la peur d'être seul. Les scientifiques
nous ont appris, il y a quelques décennies, que tous
les bébés naissent avec deux peurs: la peur de tomber et la peur des bruits soudains. Les deux peurs
sont étroitement associées à la naissance: les sons
assourdis, voilés de l'utérus cessent brusquement
pendant que le bébé «tombe» de l'utérus de sa
mère et émerge dans un environnement complète-
ment nouveau et beaucoup plus bruyant. Si nous
nous trouvions dans une situation semblable, et
même en sachant que l'aboutissement est tolérable,

cette expérience demeurerait traumatisante, même pour nous qui sommes adultes.

La séparation fait également partie du processus de la naissance. Une fois que le cordon ombilical est coupé, nous n'avons plus de lien vital avec cet être avec qui nous avions l'impression de vivre une relation inséparable. À bien des égards, nous désirons tous ardemment retrouver cette proximité, cette intimité et ce sentiment de ne faire qu'«un» avec l'autre au cours de notre vie. La peur de perdre un parent semble être une peur fondamentale enracinée dans nos émotions, tout comme les peurs de tomber et des bruits fracassants sont enracinées dans nos instincts physiques.

Éprouvez-vous une quelconque crainte aujourd'hui? Avez-vous l'impression que quelque chose vous tracasse au fin fond de votre esprit?

Faites face à votre peur. Identifiez-la. Confrontez-la.

Admettez votre peur

«J'ai peur de la solitude. Je ne veux pas être seul. L'idée de la solitude ne m'enchante guère.»

Affrontez la réalité

«Je suis seul. Je suis seul depuis des années et je survis. Même si je peux avoir des rapports magnifiques avec les autres, je serai au bout du compte, seul. Même dans le meilleur des mariages, la plus aimante des familles, la plus positive des relations professionnelles, je suis une personne responsable de mes actions, de mes idées, de mes choix et de mes obligations. C'est la vie. Et je peux en tirer le meilleur parti.»

Reconnaissez votre peur

«Sur la planète, une personne sur deux a également peur de la solitude. Comme moi, personne n'a envie d'être seul. Si on ne veut pas de moi ou si on rompt avec moi, il existe en fait des centaines de milliers d'êtres humains avec lesquels je peux établir des liens.»

Conservez l'espoir

«Puisque nous désirons tous ardemment être en relation, je ferai de mon mieux pour entrer en contact avec ceux qui ont aussi peur que moi de la solitude. Je ne m'attendrai pas à ce qu'ils fassent pour moi plus qu'ils n'en sont capables. Je ferai tout ce que je peux pour devenir un ami loyal (un conjoint, un membre de la famille, un confrère).»

La peur qui nous paralyse nous empêche d'être nous-mêmes, d'exercer nos talents et de développer nos capacités.

Quand, à cause de la peur, vous ne vous exprimez pas librement, vous retranchez une partie de votre être et de vos possibilités. Vous vous limitez. En restreignant vos actions, vous vous convainquez que vous ne pouvez pas accomplir certains gestes ni atteindre certains buts. Le résultat: au bout du compte, une faible estime de soi et un manque de confiance.

Votre estime personnelle commence à croître quand vous affrontez et dominez votre plus grande peur.

11 *Faites votre bilan personnel*

*L*a personne dotée d'une faible estime personnelle voit rarement plus loin que le bout de
son nez. Elle est souvent beaucoup plus préoc-
cupée par elle-même qu'une personne qui a
une estime personnelle élevée. Elle commence à
évoluer lorsqu'elle est capable de prendre du recul
et de se regarder objectivement pour s'évaluer,
comme elle le ferait avec quelqu'un d'autre.

Si vous avez de la difficulté à faire cet exercice,
demandez à quelqu'un de vous aider à être objectif
quant à votre personne. Choisissez quelqu'un que
vous savez capable de vous dire la vérité: un ami
digne de confiance, un guide spirituel ou un
conseiller professionnel.

Mettez votre bilan par écrit

De cette façon, vous serez en mesure d'y revenir plus tard, et le fait de voir votre évolution gra-
duelle vous encouragera. Aucun bilan personnel
n'est définitif. Il devrait constamment afficher des
changements positifs.

Faites une liste de vos atouts

Vos atouts permanents sont ceux qui viennent
à votre naissance comme, par exemple, votre solide

constitution physique, les membres de votre famille que vous considérez comme des modèles à suivre ou votre talent pour la musique. Prenez note de toutes vos forces et de tous vos talents intimement liés à votre personnalité. Vos avantages définitifs représentent ce que vous avez acquis dans la vie — votre formation, votre éducation, vos expériences, vos associations et vos amitiés. (Parfois, les amis et les collègues sont vos meilleurs atouts).

Identifiez vos buts

Vos buts et vos rêves font partie de votre identité personnelle. Ils constituent souvent la raison qui motive vos actes. De manière générale, la personne qui se sous-estime se fixe des buts moins élevés et moins nombreux que celle qui s'estime grandement. Si vous n'avez aucun but, profitez de l'occasion pour vous en donner!

Précisez vos convictions

Qu'est-ce qui vous touche profondément? Quelles sont vos valeurs spirituelles? Quel est votre code d'éthique? Votre système de valeurs est l'«énergie» qui déclenche vos actions; il est presque toujours en corrélation avec l'intensité de votre motivation. Très souvent, la personne atteinte d'une faible estime de soi perd de vue ses convictions, ou bien son système de valeurs s'affaiblit. Rédiger vos convictions représente une excellente occasion pour procéder à l'examen intérieur de votre vie spirituelle.

Spécifiez vos points négatifs

Prenez un moment pour remettre en question les points négatifs que vous avez inscrits sur votre liste. Demandez-vous pourquoi vous les avez placés dans cette catégorie. Il se peut que vous établissiez un lien entre vos points négatifs et vos buts, en vous servant d'eux comme excuses pour justifier votre incapacité à réussir. Une pareille attitude ne sert pas à grand-chose bien souvent.

Tous vos «points négatifs» sont momentanés. Plus vous les examinerez de près, plus il est probable que vous les effacerez de votre liste. Que cette étape se fasse cependant à la toute fin de votre bilan personnel.

Établissez des mesures précises pour convertir vos points négatifs en atouts

Que pouvez-vous faire par vous-même? Qu'est-ce qui exige l'aide d'autrui? Où pouvez-vous obtenir cette aide? Faites-vous un plan de mise en exécution pour convertir vos points négatifs en atouts. Vous avez peut-être l'impression que certains de vos points négatifs ne deviendront jamais de vrais «atouts». Mais ils peuvent, tout au moins, être neutralisés pour ne plus faire obstacle à la réussite de vos buts ou à la réalisation de vos convictions.

À présent, prenez du recul et regardez l'image d'ensemble. Si vous êtes vraiment objectif, vous vous rendrez probablement compte que vous possédez un plus grand nombre d'atouts — en comptant vos rêves, vos convictions, vos buts et vos amis comme des atouts — que de points négatifs. Vous pouvez, dans l'ensemble, changer vos points négatifs en atouts ou, tout au moins, faire en sorte qu'ils deviennent des éléments neutres dans votre vie.

Faites l'inventaire de qui vous êtes *vraiment*!

12   *Tracez-vous un plan*

*A*près avoir terminé votre bilan personnel, passez à l'étape suivante et élaborez un plan de croissance personnelle.

Passez en revue vos atouts

Que pouvez-vous faire pour les améliorer? Comment pouvez-vous enrichir vos amitiés et vos associations professionnelles? Que pouvez-vous faire pour augmenter vos connaissances ou acquérir de nouvelles compétences dans vos champs d'intérêt ou d'expertise?

Revoyez vos buts

Sont-ils réalistes? Sont-ils vraiment ceux que vous voulez vous *efforcer* d'atteindre? Éliminez les buts qui ne sont que des désirs aveugles ou de vaines rêveries. Éliminez tous les buts qui reposent sur la chance pure. (Gagner à la loterie *n'*est *pas* un but satisfaisant, c'est un souhait irréaliste!) Décomposez vos buts en sous-buts ou en sous-éléments. Identifiez une série de petites étapes que vous pouvez entreprendre pour arriver à votre objectif final.

De quelle manière certains de vos buts se rejoignent-ils? N'existe-t-il pas un domaine dans lequel vous pourriez faire d'une pierre deux coups?

Révisez vos convictions

De quelle manière pouvez-vous les mettre en pratique? Quels gestes particuliers pouvez-vous accomplir pour estimer, renforcer ou stimuler les valeurs que vous considérez comme importantes?

Faire et être

Rédigez des listes. Établissez un emploi du temps. Concentrez vos efforts en vue d'un programme qui aidera à ce que vos jours, vos semaines et vos mois comptent en vue de la réalisation des buts qui vous tiennent à cœur.

«Faire toutes ces choses», me direz-vous en râlant. «Quand pourrais-je être tout simplement, me reposer, prendre la vie comme elle vient?»

Les listes n'excluent pas la spontanéité. Dans bien des cas, elles lui en accordent! Les horaires n'écartent ni les moments tranquilles, ni les récréations, ni les périodes où l'on s'imprègne de beauté et de paix. Ils peuvent inclure des périodes de repos.

Pour la plupart des gens, faire et être sont si étroitement reliés qu'on ne peut vraiment pas les séparer. Nous sommes ce que nous faisons; nous agissons d'après ce que nous sommes. Même la personne la plus paisible, la plus décontractée *accomplit* certaines réalisations qui lui procurent ce sentiment au fond d'elle-même.

La véritable question porte sur l'intention. Voulez-vous avoir une meilleure estime de vous-même? Alors vous avez probablement besoin de faire le point sur votre vie. Voulez-vous avoir plus confiance en vous? Alors il y a des choses que vous devrez nécessairement faire pour y parvenir.

13 *Cessez de vous comparer aux autres*

*L*a personne qui s'estime peu et qui a peu confiance en elle a développé la mauvaise habitude de presque toujours se comparer aux autres.

- «Je ne suis pas aussi jolie que Suzon.»
- «Je ne suis pas aussi intelligent que Gérald.»
- «Je ne suis pas né dans un milieu aussi privilégié que celui de Marguerite.»
- «Je n'ai pas eu la même chance de m'instruire que Bernard.»

Cessez de vous comparer. Vous vous engagez dans la voie du mensonge.

Du mensonge? Oui! Les comparaisons se basent habituellement sur des renseignements inexacts et sont donc faux dans une certaine mesure.

En premier lieu

Vous ne savez pas tout sur l'autre personne. Vous ne connaissez pas réellement le quotient intellectuel de Gérald ni les résultats de ses tests d'aptitude aux diverses matières académiques. Vous ne savez vraiment pas tout en détail sur le milieu de Marguerite ni sur les clauses de l'entente financière qui a permis à Bernard de s'instruire. Chacun doit vaincre quelques obstacles pour réussir dans la vie. Chaque «victoire» se paie en temps, en efforts et en ressources.

En second lieu

On utilise souvent les comparaisons pour justifier son échec: «*Je n'ai pas eu le poste (ou la promotion, l'augmentation, le rendez-vous, le prix, l'honneur)...parce que...je ne suis pas aussi intelligent que Gérald (aussi jolie que Suzon, et ainsi de suite).*» Encore une fois, il est probable que ce ne soit pas le cas.

En vous servant d'une excuse, vous vous mentez. Vous ne faites pas face aux vraies raisons qui se cachent derrière l'événement que vous avez ressenti comme une épreuve. Vous ne voulez pas reconnaître que vous mâchiez de la gomme durant l'entrevue, que votre apparence était négligée, que vous faisiez des fautes de langage (que vous devriez corriger), que vous n'aviez pas correctement rempli la demande d'emploi, que vous avez ridiculisé l'autre personne, que vous n'êtes pas qualifié. Il existe un nombre infini de raisons.

Pour pouvoir acquérir votre estime personnelle et votre confiance, vous devez d'abord ne pas vous raconter d'histoires à votre sujet et n'imputer la faute qu'à vous-même pour toutes vos erreurs. Pour être capable d'applaudir vos réussites, vous devez porter le blâme de vos échecs.

14 *Tenez-vous droit*

C ette remarque s'applique à tout le monde, peu importe l'âge, le sexe, la race, la stature physique ou la beauté:

La personne dotée d'une haute estime d'elle-même se tient droite, s'assoit le dos droit et marche avec vigueur. La personne atteinte d'une faible estime d'elle-même se tient avec mollesse, se déplace discrètement, penche la tête, courbe les épaules et s'assoit fréquemment repliée sur elle-même.

Peu importent l'épaisseur de son maquillage, la perfection de sa coiffure, le vernis de ses bottes ou le prix de ses vêtements; peu importent ses bijoux ou ses accessoires (y compris le modèle de sa voiture), la personne qui se tient droite, s'assoit le dos droit et marche la tête haute, se considère comme une femme qui possède une valeur et une force intrinsèques, une femme dont le potentiel est de réussir.

Dès l'instant où vous prenez la décision de développer votre estime personnelle et votre confiance, décidez aussi: «Je vais marcher la tête haute à partir d'aujourd'hui.»

Les épaules rejetées à l'arrière et la tête haute.

Une foulée audacieuse, même si vous ne faites que marcher d'une pièce à l'autre de la maison.

Une attitude qui vous met face au monde!

Le bien-être physique

Quand vous adoptez un nouveau maintien, vous vous sentez mieux physiquement. Un bon maintien est relié, de façon générale et sous plusieurs aspects, à une bonne santé.

Le bien-être psychologique

Vous vous sentirez mieux au plan psychologique. Les signaux que vous ressentez en vous ne sont pas tous émis par le cerveau; dans le cas du maintien, c'est votre corps qui émet un signal au cerveau. Quand vous marchez la tête haute, vous commencez rapidement à avoir des pensées élevées. Que votre tête touche le ciel et votre attitude aura tendance à faire de même.

Lorsque vous dégagez une impression de force, d'autorité et de valeur personnelle, les autres vous traitent avec plus de respect. Vous découvrez qu'ils tentent moins de vous démolir. Plus les autres vous respectent, plus vous avez de chances de ressentir à l'égard de vous-même des sentiments positifs.

Pensez «haut et droit» aujourd'hui!

15 *Souriez*

*R*ien de tel qu'un sourire pour réchauffer le cœur, y compris le vôtre! Les chercheurs ne cessent de découvrir les effets positifs des substances chimiques qui sont libérées dans les vaisseaux sanguins, par le rire, le sourire et les pensées positives. Un «cœur joyeux», disaient les vieux sages, «fait autant de bien qu'un médicament.»

En plus des bienfaits physiques, l'attitude joyeuse procure des avantages au plan émotionnel. Il est difficile de ne pas se sentir un petit peu mieux à l'intérieur de soi quand on rit aux éclats pendant longtemps.

Ne vous prenez pas au sérieux

Apprenez à rire de vos faiblesses. La condition humaine est risible à bien des égards; nous faisons tous les imbéciles et agissons de façon ridicule par moments — même la personne qui semble avoir le plus d'équilibre et le plus de sang-froid. Ne riez pas de vous en vous diminuant; riez de vous retrouver parfois placé d'emblée dans des situations très extravagantes, aux moments les plus mal choisis. Détendez-vous et riez *avec* vous-même et non pas *de* vous-même.

Souriez-vous

À votre lever, dites-vous bonjour avec le sourire. Plus important encore, évoquez des souvenirs qui vous font sourire. C'est l'un des merveilleux bienfaits qu'apportent les expériences agréables; vous pouvez vous les rappeler encore et vous en amuser pour une deuxième, et même une centième fois.

Souriez aux autres

Aux étrangers. Aux amis. Aux collègues. Aux membres de votre famille. Répandez la joie autour de vous. C'est difficile de conserver très longtemps son air renfrogné en présence de quelqu'un qui sourit!

Reprenez contact avec ces choses qui, jadis, vous faisaient rire aux larmes à vous en faire mal aux côtes. Laissez-vous aller et amusez-vous.

La personne qui a une faible opinion d'elle-même a tendance à prendre la vie — et elle-même, ou l'absence d'elle-même — beaucoup trop au sérieux. Prenez donc les choses plus à la légère.

16 *Levez-vous et sortez*

L a personne atteinte d'une faible estime de soi va souvent fuir le monde. Donnez-vous comme objectif minimal d'accomplir les «trois V» chaque jour.

Vous lever

Sortez de votre lit. N'y flânez pas. Si vous faites une sieste durant la journée, ne vous déshabillez pas. Étendez-vous en gardant vos vêtements.

Lorsque vous sortez de votre lit, vous reflétez l'attitude: «Je décide d'être bien.»

Bien sûr, vous pouvez à l'occasion faire la grasse matinée, vous coucher plus tôt ou décider de passer toute votre journée de congé à flâner en robe de chambre ou en pyjama. Mais faites en sorte que la règle de votre vie commande que vous viviez hors de votre lit.

Vous habiller

Prenez une douche (ou un bain). Rasez-vous (si c'est votre habitude). Peignez-vous. Habillez-vous. Maquillez-vous (si vous le voulez). Regardez la journée en face. Même si vous ne vous éloignez pas de votre quartier, ayez l'air d'être prêt à affronter le monde.

Le fait de vous habiller vous dispose à adopter l'attitude de quelqu'un qui est prêt à faire ou à vivre une expérience, à faire face à toute éventualité dans votre vie!

Vous évader

Même si vous ne faites que marcher autour du pâté de maisons ou vous asseoir sur le seuil, le balcon ou le patio, sortez des quatre murs de votre maison et donnez-vous la chance d'être en interaction avec la nature et les gens. Ce sont tous deux des cadeaux de Dieu. Apprenez à les voir comme tels et à profiter des bonnes choses qu'ils ont à vous offrir.

À la «conquête» de votre estime personnelle, levez-vous et allez-y!

17 *Encouragez-vous par des paroles positives*

$\mathcal{E}$ tre son propre meneur de ban peut parfois aider.

Exprimez à voix haute vos opinions favorables à propos de vous-même

Ne faites pas que «penser» du bien à votre sujet; exprimez ces paroles positives à voix haute. Vous entendrez votre voix et les mots auront une double chance de s'ancrer dans votre esprit. Dites-vous:

- «Je peux faire ceci.»
- «Je le mérite.»
- «Je suis capable d'apprendre ceci.»
- «Je vais essayer cela.»

Les personnes qui se sous-estiment le font en partie parce qu'elles n'ont personne qui leur dit combien elles ont de la valeur et du mérite. Si personne autour de vous n'est là pour vous dire combien vous êtes extraordinaire, pour applaudir vos moments de gloire ou pour renforcer vos qualités — ou si vous n'avez jamais eu auparavant quelqu'un pour vous encourager — dites-le-vous!

Revivez vos souvenirs

Ravivez votre mémoire pour vous souvenir de ces moments où vous avez réussi, bien accompli ou fait un bon travail — ces moments particuliers où personne ne sembla le remarquer, ou vous en toucher un mot — et complimentez-vous. Dites-vous à voix haute:«Tu sais, tu as vraiment bien réussi ce modèle réduit d'avion», ou «Tu as chanté tous les mots de la chanson alors que plusieurs enfants autour de toi faisaient semblant», ou «Tu as peint une magnifique aquarelle», ou «Tu as eu 90 % pour ton examen d'histoire. Je suis fier de toi.»

Regardez sur les courts de tennis comme les joueurs se stimulent durant un match. Si cela réussit pour eux, cela réussira pour vous!

18 *Adoptez de saines habitudes*

*L*a personne qui nourrit une piètre opinion d'elle-même contracte souvent la mauvaise habitude de se négliger. Ce qui inclut autant les soins physiques que les soins émotionnels.

Adoptez un sain régime quotidien.

Une saine alimentation

Consommez des aliments très frais et de l'eau très pure. Évitez les aliments sans valeur nutritive et les produits riches en sel, en gras et en sucre.

Des repas à heures fixes

Trois repas par jour et une collation, le cas échéant — voilà la règle que suivent la plupart des établissements de soins de santé dans notre pays et des meilleures stations thermales du monde entier! Si c'est très bien pour eux, ça l'est également pour vous.

Si vous avez des problèmes à cuisiner ou que vous ne voulez tout simplement pas faire de petits plats, il vous reste encore plusieurs possibilités. Commander un repas du restaurant. Aller manger au restaurant. Engager un cuisinier. Ces options peuvent sembler dispendieuses. Mais, dans bien des cas, cela revient moins cher que d'acheter de la nourriture que vous finirez par jeter de toute façon.

Un sommeil réparateur

Comme le démontrent les dernières recherches, il faut, pour la plupart des gens entre huit ou neuf heures de sommeil continu. Vous serez peut-être obligé d'imposer à votre maisonnée le couvre-feu plus tôt. Vous serez peut-être tenu de modifier votre horaire. Vous serez peut-être forcé de cesser de travailler jusqu'à une heure avancée de la nuit. Vous serez peut-être contraint d'accorder la priorité à votre sommeil. Quel que soit le moyen que vous prendrez, dormez toutes les heures requises.

Des contacts humains

Pendant au moins une partie de la journée, passez des moments relaxants en compagnie de gens avec lesquels vous pouvez converser tranquillement — parler des obstacles passés ou à venir, de vos réussites, de la dernière blague que vous avez entendue, de l'incident cocasse qui vous est arrivé en rentrant chez vous, des nouveaux produits que vous avez vus au magasin, des dernières nouvelles internationales, de votre communauté, de votre quartier, de votre vie, de vos opinions.

Du temps pour s'amuser

Consacrez chaque jour un peu de temps au plaisir. Si, pour vous, faire de l'exercice ressemble à du «travail», cela ne compte pas. Votre activité amusante peut prendre la forme d'un passe-temps, d'un jeu, d'un sport, d'un truc à assembler, d'un film ou d'un livre. Faites quelque chose qui chasse de votre esprit le travail et ses problèmes. Si votre travail est manuel, que votre activité soit de nature à occuper votre esprit. Si vous faites un travail intellectuel, essayez de fabriquer quelque chose avec vos mains. Regarder la télévision ne compte pas. Cela peut vous distraire, mais ne vous nourrit pas. Choisissez une activité qui vous fera vous exclamer par la suite: «C'était vraiment très amusant. J'ai eu beaucoup de plaisir!» Permettez-vous de rire.

Du temps pour soi

Réservez-vous à chaque jour au moins quelques minutes de solitude. Apprenez à apprécier votre solitude. Utilisez ces moments pour lire des livres inspirants, pour prier, pour penser simplement. Concentrez-vous sur les grandes questions de la vie et non pas sur vos problèmes personnels. Rêvez les yeux ouverts. Imaginez. Voyez grand.

En observant les règles de cette discipline quotidienne, vous envoyez à votre esprit le message suivant: «Je suis un être équilibré, je suis un être en santé.» Une personne équilibrée et en santé représente le candidat parfait pour une excellente estime de soi!

19 *Refusez les paradis artificiels*

*D*ès l'instant où vous acceptez de vivre en santé tous les jours, refusez toutes choses qui détruiraient votre santé.

La personne qui se mésestime se tourne parfois vers les substances chimiques — y compris l'alcool — comme moyens de soutenir sa confiance ou d'améliorer la perception d'elle-même.

Au bout du compte, les substances chimiques n'améliorent ni la confiance en soi ni l'estime personnelle; elles ne servent qu'à masquer provisoirement le manque d'estime et de confiance en soi.

Refusez les substances chimiques inutiles au fonctionnement normal de votre corps.

Admettez que tout produit chimique que vous consommez est exigé par votre corps pour rétablir son fonctionnement normal. Par exemple, une aspirine peut vous aider à vous débarrasser d'un mal de tête. Ne croyez pas que vous ayez besoin de deux aspirines à toutes les quatre heures pour le reste de votre vie pour empêcher le retour d'un mal de tête. D'autre part, si en tant que diabétique vous avez besoin d'insuline, prenez-en. Votre corps à vous en a besoin pour fonctionner normalement.

Ne présumez pas que tout médicament que vous prenez sera nécessaire durant toute votre vie.

Certains médicaments peuvent entrer dans cette catégorie, en particulier ceux destinés aux personnes cardiaques. D'autres médicaments devraient être pris sans qu'il soit nécessaire de renouveler l'ordonnance. Ne croyez pas que vous aurez toujours besoin de tranquillisants ou d'antidépresseurs, parce qu'il vous en a été prescrit pour surmonter une période particulièrement difficile. La plupart des médicaments prescrits sur ordonnance servent à guérir des affections qui durent moins d'un mois!

Suivez la posologie de vos médicaments sur ordonnance.

Ne prenez pas plus d'un médicament sur ordonnance à la fois sans vérifier d'abord auprès de votre médecin. Demandez toujours quels sont les effets secondaires, surtout ceux qui pourraient se produire si les deux ou trois médicaments que vous prenez provoquent en vous des réactions contradictoires. Ne pensez jamais que si une pilule est efficace, deux pilules feront deux fois plus d'effets.

Ne prenez jamais de substances chimiques pour vous stimuler.

Que ce soit pour relaxer, avoir plus d'énergie, être plus créatif, travailler plus longtemps, ou améliorer votre force musculaire, de telles drogues vous feront inévitablement plus de tort que de bien.

Ne prenez jamais de substances chimiques pour faire valoir votre image sociale.

Quand vous participez à des fêtes où l'on se drogue, votre image ne représente une valeur qu'aux yeux de ceux qui sont présents; en d'autres termes, votre image sociale n'est mise en valeur qu'auprès de ceux qui sont déjà des drogués, des ignorants, des égarés, des rebelles ou des imbéciles. La fréquentation des tels personnages ne peut que nuire à votre estime personnelle.

Si vous découvrez que vous développez une dépendance vis-à-vis un médicament sur ordonnance, parlez-en à votre médecin qui vous conseillera des moyens sûrs de vous en sortir.

N'essayez pas d'arrêter brusquement d'en prendre ni de vous désintoxiquer vous-même.

Reconnaissez le fait que l'alcool et la nicotine sont des drogues.

Ne commencez pas à en consommer. Si c'est déjà fait, obtenez de l'aide pour vous en libérer. Vous vous sentirez mieux physiquement et vous aurez le sentiment merveilleux, en surmontant cette dépendance, d'avoir gagné une victoire.

Une estime de soi entretenue par les substances chimiques fait toujours figure de parent pauvre à côté d'une estime de soi authentique.

20 *Fréquentez des êtres qui s'estiment*

*D*écidez de vous entourer d'êtres qui ont confiance en eux et ont une image personnelle équilibrée et saine. Décidez d'entrer en relation avec des êtres qui se valorisent et valorisent autrui. Décidez de prendre part à des activités et des projets où des hommes et des femmes sont en croissance, se fixent des buts élevés et sont sur la voie de l'accomplissement personnel.

Quelqu'un vous inspirera

Vous découvrirez que les heures passées en présence de personnes qui s'estiment passent rapidement et sont fructueuses. Vous vous sentirez encouragé à faire de nouvelles expériences, ce qui augmentera en vous le désir d'en faire plus et de vous réaliser davantage.

Quelqu'un vous aidera

Les personnes dotées d'une haute estime de soi sont presque toujours des êtres qui aiment donner. Ce sont bien souvent des professeurs ou des guides spirituels cordiaux — des êtres qui, tout en cherchant à exploiter leurs talents, désirent aider les autres à se développer pleinement. Acceptez leur appui et leurs conseils.

Quelqu'un vous enseignera

En les observant, vous apprendrez non seulement au plan professionnel, mais aussi aux plans de la communication et des relations humaines. Demeurez réceptif à leurs suggestions.

Vous voulez apprendre quelque chose? Trouvez l'expert qui a le plus confiance en ses connaissances ou ses compétences!

Par un après-midi, dans une galerie renommée, une douzaine d'étudiants environ reproduisaient les magnifiques toiles suspendues devant eux. Leur professeur les mit en garde à propos de cette pratique: «Vous devez reproduire en vue de maîtriser la technique, pour vous donner des bases. Plus tard, vous pourrez choisir vos propres sujets et votre propre style.» Quel excellent conseil!

Plus vous fréquentez des êtres qui manifestent une haute estime d'eux-mêmes, plus vous imitez leurs comportements et leurs façons de penser, plus vous vous estimerez et inspirerez le respect.

21 *Faites-vous plaisir*

*G*âtez-vous de temps à autre, sans raison particulière.

• Pourquoi ne pas relaxer dans une baignoire débordante de mousse?

• Pourquoi ne pas déguster votre plat préféré dans votre restaurant favori?

• Pourquoi ne pas faire le tour des boutiques d'un certain quartier durant tout un après-midi?

• Pourquoi ne pas aller au cinéma tout seul?

Quelle que soit la façon de vous combler, faites-vous plaisir.

Des attentions peu coûteuses

Vous avez peut-être besoin des services d'une gardienne pour vous gâter? Faites-le! Pour pouvoir transmettre de bons sentiments à votre enfant, vous avez besoin de vous sentir bien dans votre peau.

Vous n'avez pas besoin, par ailleurs, de dépenser beaucoup d'argent pour vous donner de petites douceurs. Passer du temps seul avec vous-même, une promenade dans le parc à l'heure du midi, ces activités peuvent suffire: cela ne coûte rien (et, en plus, vous faites de l'exercice).

Des gentillesses à l'occasion

Ces gentillesses ne devraient pas se transformer en habitudes. Sinon, elles cessent d'être des gâteries. Manger de la crème glacée au chocolat tous les après-midi n'est pas une douceur: c'est un suicide à petit feu.

Choisissez de vous gâter de temps à autre en faisant quelque chose que vous ne feriez pas d'habitude ou que quelqu'un d'autre ferait pour vous.

Offrez-vous un bouquet de fleurs dont vous vous réjouirez!

Offrez-vous un cadeau de temps en temps.

Une fois par année environ, un type prend un rouleau de pièces de monnaie et s'en va s'amuser à jouer à tous les jeux vidéo d'un jeu d'arcade. «Pendant deux heures, je redeviens un adolescent insouciant qui jette son argent par les fenêtres», dit-il. «Le reste de l'année, je suis capable d'être un adulte.»

Vous gâtez les gens que vous aimez? Vous offrez des cadeaux à ceux que vous respectez ou désirez honorer? Ces gestes sont tout aussi importants lorsqu'ils s'adressent à vous.

22 *Faites ressortir les aspects positifs*

Lorsque quelqu'un attire l'attention sur l'aspect négatif d'une situation ou émet une critique négative, décidez de parler en faveur des aspects positifs — en particulier si le commentaire négatif vous concerne!

«Moi, c'est moi»

Que répliquez-vous s'il vous est dit: «Tu n'es pas aussi bonne cuisinière (ou couturière) que Marie (ou Louise).» Répondez: «Peut-être pas. Je suis d'accord avec toi à savoir que Marie est une excellente cuisinière. Mais je suis probablement bien meilleure que Marie en d'autres domaines. Moi, c'est moi. Marie, c'est Marie. Nous avons chacune nos forces et nos faiblesses distinctes. Laisse-moi te rappeler l'une de mes forces.»

«Envisage mes qualités»

Que répondrez-vous si quelqu'un vous fait la remarque suivante: «Tu as l'air négligé?» D'abord, demandez qu'on vous donne une définition du mot. Qu'est-ce que la personne n'aime pas? Insistez pour qu'on vous donne des exemples concrets. Ne niez pas que vous pouvez avoir «l'air négligé» parfois; mais en même temps, n'endossez pas entièrement l'étiquette. Répondez: «Il y a une certaine vérité dans ce que tu dis, et je vais m'améliorer. Mais j'ai aussi des qualités. Tout le monde possède des qualités et des défauts. J'espère que tu vois aussi mes qualités.»

«Qu'est-ce qui te plaît?»

Qu'entendez-vous répondre si on vous dit: «Je n'aime pas la façon dont tu te coiffes?» Répondez: «Merci de me donner ton opinion. Qu'est-ce qui te plaît chez moi aujourd'hui?»

«Je possède des forces»

Amenez toujours la personne qui vous fait un commentaire négatif à dire un commentaire positif. Insistez pour qu'elle vous considère comme un être entier ayant des qualités et des défauts — des qualités que vous cherchez à mettre en valeur et des défauts que vous tentez d'améliorer.

Par moments, vous serez obligé d'insister pour que la personne admette que votre défaut est mineur, qu'il n'est pas démesuré ni hors de proportion. Il existe peu de défauts qui soient fatals, que ce soit chez vous ou chez les autres. Vous pouvez répondre: «Oui, j'ai ce défaut. J'essaie de le corriger. Je regrette qu'il te dérange. Mais je sais aussi que ses conséquences ne sont pas une question de vie ou de mort.»

La personne qui se sous-estime s'accorde fréquemment sur les critiques négatives. Elle est incapable, bien souvent, d'exposer ouvertement ses qualités personnelles. Chaque fois que quelqu'un vous fera des commentaires négatifs, insistez pour qu'on vous apporte également des observations positives.

23   *Créez de vos mains*

*C*réez de vos mains quelque chose qui soit ou utile, ou beau, ou drôle.

- Fabriquez un objet en bois: un meuble, un cadre, une niche, une mangeoire, un patio, un chandelier.
- Faites une peinture ou un dessin.
- Faites de la couture à la machine ou à la main.
- Créez un objet en céramique ou en terre cuite. Faites une sculpture ou une poterie.
- Assemblez un modèle réduit, une maison de poupée pour votre fillette ou une balançoire pour le jardin.

L'accomplissement

Quel lien existe-t-il entre le fait de fabriquer quelque chose de vos mains et l'estime de soi? Les projets manuels ont un début, un milieu et une fin tangibles. À la fin de votre journée de travail, vous voyez vos progrès. À la fin de votre projet, vous pouvez vous réjouir de votre réalisation. L'objet que vous avez créé de vos mains vous transmet, à vous comme à autrui, le message suivant: «Je suis un être capable de fabriquer des choses.»

Le talent

Un projet manuel demande du talent. Si votre œuvre peut paraître rudimentaire, c'est que votre talent n'est pas encore tout à fait développé. C'est normal. Considérez-la comme faisant partie de vos «premières œuvres». L'objet créé de vos mains vous signale à vous-même et aux autres: «J'ai un talent qui progresse. Ce qui est bien, c'est que je suis en train de développer ce don. Je suis capable d'apprendre.»

La planification

Les projets manuels demandent une certaine planification et, presque toujours, une aptitude pour lire et suivre les instructions. Le produit, une fois terminé, vous communique ce message: «Je peux penser et je peux transposer ce que je lis en quelque chose de faisable. Je suis quelqu'un d'intelligent!»

L'objet créé de vos mains est le reflet de votre personne, de votre intelligence, de votre sens artistique et artisanal, de votre capacité de faire des choix dans la vie, de votre temps et, par-dessus tout, de votre capacité de vous fixer un but et de l'atteindre, petit à petit ou étape par étape, grâce à votre discipline personnelle.

24   *Cultivez un jardin*

*L*es jardins représentent la vie, la beauté, la santé, la nourriture. Ils sont le reflet des saisons. Ils vous mettent en contact avec les grands cycles de la naissance, de la croissance et de la mort. Cultivez-en un! Cela vous aidera à faire «pousser» votre estime personnelle.

Vous pouvez cultiver soit des fleurs, soit des légumes. Faites le travail en entier ou en partie. Assurez-vous bien toutefois de manipuler la terre et de toucher les plantes de temps à autre. Ne faites pas que regarder de loin votre jardin pousser. Participez activement à son plan, son développement et sa culture.

De travailler la terre et cultiver les plantes, cela apporte plusieurs bienfaits qui développent l'estime de soi-même.

Un jardin vous met en contact avec votre Créateur. Il vous permet presque toujours de ne pas oublier votre condition d'être unique. Remarquez comme chaque plante est différente, comme chaque fleur est dotée de caractéristiques légèrement distinctes. Remarquez comme les couleurs et les textures variées se marient entre elles. La diversité de votre jardin ne vous semble-t-elle pas incroyable? Songez à votre individualité et comment, malgré vos différences indéniables, vous êtes capable pourtant de vous réunir avec ceux qui vous entourent.

Un jardin vous rappelle que toutes les créatures vivantes possèdent de la valeur. Toute chose dans la nature détient une fonction et un but. Les êtres humains n'y échappent pas. Chacun de nous a quelque chose en soi capable de nourrir autrui. C'est votre don pour la beauté. Ce sont vos talents qui peuvent se conjuguer aux autres. Ce sont vos messages importants à communiquer aux autres.

Un jardin vous rappelle les nombreux principes de l'ordre naturel et de l'ordre spirituel. Vous êtes confronté au principe de la graine. Bien que vous la semiez et l'arrosiez, une force supérieure à l'être humain, en fait, est la cause de sa croissance. Vous êtes confronté à la présence des mauvaises herbes et des insectes nuisibles. Votre vie, elle aussi, est souvent infestée d'intrusions indésirables. Un jardin vous enseigne que vous pouvez survivre à la transplantation, à l'émondage et aux gels rigoureux.

Un jardin vous rappelle votre rôle en tant que serviteur de la terre. Vous devez prendre soin de votre monde environnant.

Un jardin vous rappelle que, sans nourriture et sans soins, rien ne fleurit. Tout comme les plantes du jardin ont besoin d'eau, de soleil, d'engrais et de soins quotidiens, vous aussi devez vous alimenter selon vos besoins.

Un jardin vous rappelle les joies du progrès. En plus de récolter, il existe aussi un plaisir extraordinaire à semer et cultiver les étapes de sa vie.

25 *Ne faites pas tout par vous-même*

*L*a personne qui se sous-estime n'arrive pas, bien souvent, à déléguer des responsabilités ou des tâches. Elle est tellement habituée de se considérer comme celle qui «fait tout» qu'elle prend volontairement sur ses épaules toutes les corvées les plus viles sans se demander si elles font vraiment partie de ses obligations ou de son travail.

Ce qui ne veut pas dire qu'il y a des métiers indignes de tout être humain. Tout travail possède de la valeur et tous les métiers, du mérite. Mais l'attitude de toujours répondre aux caprices et aux ordres d'autrui pour exécuter des tâches autres que les siennes n'est pas caractéristique d'une personne qui fait montre d'une saine estime d'elle-même. Car une personne qui s'estime de façon positive accepte toujours de faire ce qu'elle doit pour se développer et se réaliser, mais elle refuse qu'on se «serve» d'elle.

Apprenez à déléguer
(et à déléguer équitablement)

Si vous avez, sous vos ordres, du personnel à qui vous pouvez déléguer des tâches et des responsabilités, faites-le. Donnez-leur des tâches qui vous sont tout aussi agréables que celles qui vous semblent désagréables. Gratifiez-les pour leurs efforts. Manifestez de la reconnaissance pour leur contribution.

Ne consacrez pas trop de votre temps et de votre énergie «au bénévolat»

Est-ce que votre temps est déjà rempli d'activités paroissiales? Refusez si on vous demande d'être responsable d'un comité de plus, peu importe l'importance de la mission. Est-ce que votre horaire est déjà saturé? Refusez si on vous demande de donner de votre temps à un projet communautaire, peu importe qui vous le demande.

Si on vous demande de poser un geste qui vous rabaisse, refusez

Avez-vous l'impression qu'une «amie» vous utilise pour faire ses courses et accomplir ses corvées parce qu'elle n'est pas arrivée à planifier intelligemment son temps et ses efforts? Dites-lui sur un ton ferme mais poli: «Je ne peux pas t'aider actuellement.» (Si vous perdez son amitié à la suite de votre refus, demandez-vous en premier lieu si elle était vraiment votre amie).

Les brutes qui, durant notre enfance, tyrannisaient le quartier semblent souvent revenir sous la forme de superviseurs, de conjoints, de collègues ou des membres de son club. Le temps est venu de leur dire: «C'est aussi mon quartier.»

26   *Faites attention à ce que vous dites*

L a personne qui entretient une faible opinion d'elle-même ne gardera pas souvent ses pensées ou ses réflexions négatives pour elle-même. Elle devient, dans bien des cas, cynique à propos de tout dans la vie; elle développe un côté lourd de sarcasmes et de critiques mordantes.

Écoutez-vous parler

Faites votre examen de langage. Écoutez ce que vous dites et votre façon de le dire. Si vous devez être plus objectif, utilisez un magnétophone. «Écoutez-vous» vraiment, autant les mots que vous utilisez que le ton sur lequel vous les prononcez.

- Est-ce que votre voix a un ton incisif?
- Êtes-vous sarcastique?
- Projetez-vous une conception cynique de la vie?

Mettez-vous toujours en doute ce que vous ne voyez pas ou ce que vous ne savez pas? Est-ce que vous mettez toujours en garde les autres vis-à-vis certaines personnes ou certaines activités? Est-ce que vous prévenez toujours les autres de ne pas courir de risques?

- Est-ce que vous vous entendez souvent faire des remarques sur les défauts des autres?

- Après avoir vu un film ou une pièce de théâtre, lu un livre ou assisté à un spectacle, est-ce que votre première réaction est de souligner les points positifs ou de mettre immédiatement le doigt sur les points négatifs?

- Êtes-vous du genre à vous plaindre?

- Vous référez-vous constamment à une définition ou à des critères pour déterminer ce qui est merveilleux?

La plupart d'entre nous sont bien meilleurs pour définir l'*affreux* que le *merveilleux*. Il nous est plus facile d'exprimer nos états d'âme négatifs que nos coups de cœur positifs. Il nous est plus aisé d'identifier le morceau manquant que de le fournir, de relever l'erreur plutôt que de la rectifier ou de découvrir la tache sur la feuille de papier plutôt que de la nettoyer.

Dites la vérité

Choisissez de communiquer la vérité. Cela signifie que vous devez émettre à propos de quelque chose tant ses aspects négatifs que ses aspects positifs. Choisissez de modifier le ton de votre voix.

Changez votre façon de parler des autres, des événements et des spectacles, de votre travail et de celui de vos collègues, de la vie! Vous changerez votre façon de penser.

27   *Fixez-vous une échéance*

L a période de la journée où l'on se sent à plat, la dépression que dessine le graphique de notre rythme biologique, l'événement qui déprime, tout cela partie de la vie. Ce coup de cafard soudain ne devrait pourtant pas vous amener à développer à la longue, une piètre opinion de vous-même.

Choisissez une date

Fixez-vous une date où vous mettrez fin à votre chagrin.

Déterminez le moment où vous aurez décidé de cesser de vous plaindre de quelque chose.

Encerclez sur le calendrier la date à laquelle vous allez sortir de votre deuil et irez danser.

Choisissez le jour où vous redeviendrez «disponible» pour faire des sorties. Si vous ne recevez aucune invitation ce jour-là, prenez l'initiative d'inviter quelqu'un au restaurant ou au cinéma.

Remettez-vous en route

En agissant ainsi, vous activerez la décision de reprendre la route de votre vie, de ramener votre barque dans le courant principal de la rivière. Vous vous mettez en situation de recommencer à rire, à expérimenter, à créer et à travailler.

- Si on vous a congédié, dites-vous: «J'ai perdu cet emploi. Je n'ai pas réussi. Mais je refuse de me laisser convaincre que j'échouerai toujours. Je me permets de me lamenter sur mon sort tout le week-end, mais lundi matin, je vais me lever et partir à la recherche d'un nouveau travail.»

- Si vous avez divorcé, dites-vous: «Je vais me donner six mois pour guérir et grandir. Puis, j'inviterai quelques personnes à faire des activités avec moi ou à venir dîner à la maison à la fortune du pot.»

Parlez-en aux autres

Par moments, il peut être salutaire de demander l'avis de quelqu'un sur ce que vous devez faire pour réparer un échec ou une erreur. L'idée de faire pénitence peut s'étendre à tous les aspects de votre vie. Résignez-vous à vous infliger une «punition» et, lorsque vous aurez terminé cette pénible corvée, cette procédure douloureuse, ce travail ou ce remboursement, laissez cette erreur derrière vous. Ne vous punissez pas tout le reste de votre vie pour cet égarement.

Parfois, c'est en demandant et en obtenant le pardon d'autrui que votre problème prend «fin». Finissez-en une fois pour toutes avec cette querelle ou cette discussion. Donnez une poignée de main à la fin du combat. Au terme du débat, prenez une décision ou parvenez à une conclusion. Décidez de passer l'éponge.

Une grande partie d'une piètre estime de soi est le résultat du fait que nous continuons à nous accrocher pendant longtemps aux choses, au lieu de les laisser aller: des commentaires blessants, des erreurs, des péchés, des épreuves ou des échecs. Faites résonner en votre âme la cloche qui mettra fin au combat.

28 *Allez-y quand même*

La personne qui a peu confiance en elle n'apprécie pas, en général, d'être seule dans la foule. Elle préfère être véritablement seule, de sorte qu'elle peut toujours définir ses règles et choisir ses excuses.

Amusez-vous

Apprenez à sortir seul dans des lieux distrayants et à vous amuser avec les gens, même si vous n'arrivez pas ou ne partez pas en même temps qu'eux. La seule façon d'apprendre, c'est de le faire.

Vous ne trouvez personne avec qui aller au cinéma? Allez-y seul. Vous pouvez rencontrer une connaissance. Si ce n'est pas le cas, vous aurez au moins vu le film qui vous tentait.

Quoi faire si vous êtes seul et qu'un couple vous invite à les accompagner à dîner après la messe? Allez-y. Bon appétit!

À trois jours du banquet du club, vous n'avez toujours pas trouvé quelqu'un pour vous accompagner? Allez-y seul. Dans la plupart des fêtes, il y a tellement de méli-mélo que plusieurs personnes ne s'apercevront même pas que vous êtes seul. Par ailleurs, vous découvrirez, une fois sur place, d'autres personnes qui le sont également et qui vous seront reconnaissantes d'avoir quelqu'un à qui parler. Si vous vous ennuyez ou vous sentez à l'écart, vous pouvez toujours partir plus tôt.

Tenez à vos champs d'intérêt

Vous abstenez-vous de vous rendre à l'église parce que votre famille ne veut pas vous accompagner? Allez-y quand même.

Vous forcez-vous d'assister à un match de football alors que vous préféreriez être à l'opéra? Allez-vous au ballet alors que vous aimeriez mieux rester à la maison pour regarder le match de tennis? Trouvez un compromis. Il est peut-être encore temps d'abonner votre épouse et son amie à l'opéra, à condition d'acheter aussi pour vous-même et le mari de l'amie en question un abonnement à des activités sportives.

Vous n'êtes pas obligé de partager toutes les activités des membres de votre famille. Vous pouvez aller par vous-même à la galerie d'art, au musée, dans les boutiques. Vous pouvez vous rendre au lac en voiture ou faire des excursions en montagne.

Certaines personnes craignent que de faire des activités chacun de son côté cause une faille dans leur relation. C'est rarement le cas. Les fissures ont tendance à être causées par d'autres facteurs. D'habitude, deux personnes qui ont des activités distinctes trouvent qu'elles ont plus de choses à se raconter. Elles sont toutes deux heureuses de faire ce qu'elles aiment faire, et leur bonheur déteint sur leur relation.

Les lignes de conduite

Lorsque vous poursuivez des activités individuelles, observez certaines lignes de conduite simples:

- Gardez les lignes de communication ouvertes avec les membres de votre famille ou les personnes avec lesquelles vous êtes en relation. Dites-leur où vous allez, ce que vous ferez, avec qui vous irez (s'il y a lieu) et quand vous serez de retour.

- N'excluez pas votre conjoint de vos activités préférées.

- Ne vous engagez pas dans des relations «parallèles» qui risqueraient d'endommager ou de détruire les liens familiaux que vous avez créés.

Apprenez à savourer ce qui vous donne du plaisir dans la vie, même s'il n'y a personne avec qui le partager pour l'instant. Ne blâmez pas quelqu'un d'autre si vous avez renoncé à des activités. Ne faites pas mener la vie dure à quelqu'un d'autre s'il ne veut pas vous accompagner dans vos sorties.

Quand vous apprenez à aimer sortir et faire des activités par vous-même, vous augmentez immanquablement votre estime personnelle. Vous découvrez que vous aimez sortir en *votre* propre compagnie!

29   *Récompensez-vous*

*A*vez-vous accompli quelque action valable, selon vous, mais personne ne l'a remarquée? Avez-vous terminé un projet de taille, mais personne n'a applaudi? Avez-vous franchi une étape importante, mais personne ne vous a félicité?

Récompensez-vous!

Offrez-vous un cadeau. Quelque chose de totalement frivole ou de fantaisiste peut-être. Comme un nouveau jeu de bâtons de golf ou une journée de beauté dans un centre spécialisé.

Partez en voyage. Partez pour le week-end. Faites une croisière.

Allez manger au restaurant. Savourez le plaisir d'être servi.

Faites-vous livrer des fleurs. Cette gratification est tout à fait de circonstance si votre réussite est passée sous silence dans votre milieu de travail. Vous pouvez y joindre un mot de félicitations que vous signerez «un admirateur». Laissez vos collègues de travail deviner l'expéditeur!

Prenez une journée de congé. Et passez-la de la façon que vous jugerez la plus agréable.

Célébrez votre réussite. Votre récompense exige toutefois le respect de ces deux règles:

1. Ne choisissez pas de vous récompenser par quelque chose qui vous nuirait ou irait dans le sens contraire de votre réussite. Si vous avez perdu du poids, cela ne sert à rien de vous récompenser en mangeant une «banane royale». Si vous venez juste de terminer le remboursement de votre carte de crédit, cela n'avance à rien de faire de folles dépenses pour vous récompenser.

2. N'allez pas vous récompenser de manière à nuire à quelqu'un d'autre. Que votre récompense ne serve pas à vous venger ou à poser un geste qui «affecterait» une autre personne.

Vous n'avez pas besoin d'attendre la fin d'une tâche considérable ou d'un projet de longue haleine pour vous récompenser. Des compensations en cours de route sont parfois salutaires et stimulantes. Par exemple, si vous avez commencé des études échelonnées sur trois ans, récompensez-vous à la fin de chaque année ou de chaque semestre.

L'objectif n'a pas besoin d'être de nature professionnelle. Depuis plusieurs années, vous avez peut-être en tête de nettoyer le garage. Récompensez-vous quand le travail sera terminé!

Il n'est pas nécessaire que tout le monde soit au courant de votre récompense. Vous pouvez savourer les délices de votre réussite tout seul. D'un autre côté, vous pourriez vouloir inviter des amis à célébrer avec vous. Dites-leur ce que vous célébrez et invitez-les à vos frais. Offrez-leur aussi de payer leur déplacement.

L'objectif que vous avez atteint peut s'inscrire dans le cadre de votre routine quotidienne. Faites-vous régulièrement de l'exercice dans un centre de conditionnement physique? Avez-vous atteint le poids que vous vous étiez fixé? Avez-vous réussi à nager le nombre de longueurs ou couru le nombre de tours de piste que vous aviez établi au départ? Récompensez-vous en restant une demi-heure de plus dans le sauna ou la baignoire à remous!

La célébration de vos réussites vous est bénéfique à deux niveaux. Premièrement, elle attire, de façon positive, l'attention de votre esprit et de votre mémoire sur votre succès. Le souvenir d'une célébration vous fait vous rappeler la réussite qui l'a justifiée et vice versa. Vous renforcez ainsi votre comportement positif. Deuxièmement, vous signalez à autrui (sans être arrogant) que vous avez accompli quelque chose dont la réalisation mérite d'être remarquée.

30 *Acquérez une nouvelle compétence*

*V*ous avez peut-être l'impression que vous n'êtes bon à rien. Acquérez une nouvelle compétence.

La discipline

Apprenez de quelqu'un qui travaille consciencieusement, qui excelle dans le domaine qui vous intéresse et qui est un bon professeur. Apprenez d'une personne qui sera patiente tout au long de votre apprentissage, vous encouragera et pourtant exigera que vous soyez discipliné.

Les capacités physiques

Évitez les domaines où vous n'avez pas les capacités physiques pour réussir. Si vos chevilles sont faibles et votre dos, fragile, il est probable que vous ne vouliez pas commencer le patinage sur glace car il existe de fortes chances que vous vous blessiez sérieusement. Si vous avez peu d'aptitudes motrices, apprenez une activité qui exige la coordination d'une forte musculature. Si votre coordination manuelle-visuelle est faible, ne choisissez pas un métier qui requiert cette exigence.

L'aptitude

Dirigez-vous dans un domaine pour lequel vous démontrez une certaine aptitude. Aimez-vous vraiment faire des puzzles? Envisagez le domaine de l'informatique. De nombreux programmes en informatique exigent la même logique que celle de résoudre les puzzles. Êtes-vous habile de vos mains et très patient? Une vaste quantité d'objets artisanaux et de travaux d'aiguille ne nécessitent que ces deux qualités.

Les champs d'intérêt

Choisissez un domaine pour lequel vous manifestez un grand intérêt. Avez-vous toujours rêvé d'atteindre une cible avec des flèches? Faites du tir à l'arc! Avez-vous toujours pensé que ce serait amusant de créer vos propres vêtements? Suivez des cours de couture. Prenez-vous plaisir à goûter à de nouveaux aliments? Faites de la cuisine gastronomique et amusez-vous à faire des expériences culinaires avec des fines herbes, des épices et des sauces spéciales.

Les nouvelles entreprises

L'apprentissage d'une nouvelle compétence peut vous faire obtenir une nouvelle position ou une nouvelle carrière. Les personnes qui ont du succès dans leur carrière ont tendance à aimer ce qu'elles font, ont l'aptitude pour le faire, ont appris leur métier d'un professionnel et ont la capacité physique pour accomplir leur travail. Vous pouvez joindre leurs rangs.

L'acquisition d'une nouvelle compétence développe à la fois l'estime de soi et la confiance.

31   *Lâchez prise*

*P*arfois, nous nous retrouvons dans des situations ou des relations qui vont à l'encontre de nos objectifs ou de nous-même. Rien de ce que nous disons ou faisons n'est bien. La communication est totalement impossible. La douleur et la tension émotionnelles de la relation nous tiennent continuellement sur la corde raide. En pareille circonstance, la chose la plus fructueuse à faire pour votre estime personnelle, c'est de «lâcher prise».

Est-ce que votre patron vous a clairement fait comprendre que vous n'aviez absolument aucune chance d'obtenir un jour une promotion ou une augmentation de salaire? Changez d'employeur!

Est-ce que l'être aimé vous a déclaré que c'était définitivement terminé entre vous deux et qu'il vivait une nouvelle relation? Ravalez votre orgueil, pleurez un bon coup, mais coupez le cordon.

Est-ce qu'une personne vous rabaisse, vous ridiculise ou vous harcèle sans cesse chaque fois que vous la voyez? Gardez vos distances.

Annoncez que vous partez. N'allez pas disparaître, vous évaporer ou négliger de faire acte de présence le lundi matin.

Énumérez les raisons de votre départ sur un ton calme et rationnel. Si vous vous sentez freiné ou rabaissé, dites-le: «Je ne sens pas que j'ai l'occasion d'évoluer. J'ai besoin de me sentir libre pour réussir.» Si vous avez été rejeté ou blessé, dites ce que vous ressentez: «J'ai beaucoup de peine et j'ai besoin de partir pour pouvoir guérir.» La meilleure chose à faire finalement, c'est d'expliquer à l'autre ce qui vous a fait de la peine ou de donner simplement la raison de votre départ.

Ne discutez pas de votre départ. Si en premier lieu, vous avez assez mal pour partir, vous souffrez suffisamment pour avoir besoin d'espace et de temps pour guérir avant de reprendre la relation. Même si la personne promet de faire des changements constructifs dans sa vie, elle aura besoin de temps pour les faire.

Ne présumez pas que vous ne reviendrez jamais. Il se peut que vous vouliez laisser la porte ouverte pour une réconciliation ou un retour. Vous pouvez vouloir exiger la réalisation de certaines conditions pour garder le contact ou essayer de recommencer à nouveau la relation. Si vous savez à un certain moment que vous ne reviendrez plus et que c'est définitif, faites-le savoir à l'autre.

Il se peut que ce ne soit pas à vous de partir. Vous devez peut-être congédier un employé, briser la relation avec la personne que vous fréquentez depuis longtemps, ou demander à quelqu'un de quitter votre maison (un conjoint, un enfant majeur, même un visiteur ou un parent qui s'incrustent). Si c'est le cas, procédez de la même façon: dites à la personne de partir, donnez-lui la raison, ne discutez pas votre décision, et laissez la porte ouverte au cas où la personne reviendrait même si, entre temps, vous changez les serrures.

Tourner en rond au bout d'une impasse émotionnelle provoque la perte de votre équilibre et peut détruire votre confiance et l'estime de vous-même. Brisez le cercle vicieux. Partez. Lâchez prise ou demandez à l'autre personne de s'en aller.

Les gens divorcés se remarient parfois.

Les personnes congédiées se font de temps à autre réembaucher par la compagnie.

Les relations peuvent reprendre.

L'amour est une ressource renouvelable.

Et pourtant, lorsqu'une relation a été sérieusement endommagée, elle demande du temps et de l'espace pour qu'une guérison véritable et durable puisse se faire. Donnez-vous l'occasion de guérir et de retrouver votre équilibre. Donnez-vous la chance de retrouver l'estime de vous-même.

32   *Suivez des cours*

N'arrêtez pas d'apprendre. Destinez-vous à apprendre votre vie durant. Soyez prêt à approfondir quelque chose de nouveau jusqu'au jour de votre mort.

Inscrivez-vous à une formation générale dans un collège ou une école professionnelle, ou à votre église. Suivez un cours par correspondance à l'université.

Si vous ne voulez pas vous embêter avec les crédits et les notes, vous pouvez presque toujours assister à un cours comme auditeur libre. Cela signifie en général que vous payez des frais légèrement inférieurs et vous êtes exempté de passer les examens et de rédiger les travaux de recherche. Ce qu'on vous demande cependant, c'est d'assister aux cours, de faire les lectures obligatoires et de participer aux discussions dans la classe.

Les bienfaits

Une formation générale peut:

• stimuler vos facultés intellectuelles.

Peu importe le sujet d'études, ou même le nombre de fois que vous avez étudié ce sujet auparavant, vous ferez indubitablement connaissance avec de nouvelles personnes qui vous apporteront de nouvelles idées. L'apprentissage favorise un état de bien-être psychique.

- vous occuper à faire autre chose que de vous inquiéter ou déprimer.

Dirigez votre esprit sur un sujet autre que vous-même et vos problèmes!

- améliorer vos aptitudes à communiquer.

Plus vous êtes appelé à défendre une idée — d'une manière orale ou écrite — plus vous avez confiance en vos connaissances acquises et en votre habileté à vous exprimer.

- vous fournir les connaissances ou les compétences nécessaires en vue d'un nouvel emploi ou d'une promotion.

C'est la personne qui possède le plus de connaissances qui obtient les emplois et les promotions.

- vous donner une discipline personnelle.

En planifiant votre temps pour lire, faire des recherches ou étudier, vous allez sans doute être obligé de vous soumettre à un horaire serré et à une discipline personnelle.

L'accomplissement

À la fin de votre formation générale ou professionnelle, vous aurez le sentiment d'avoir accompli quelque chose.

33 *Laissez tomber*

*N*ous taquinons souvent les gens qui ont l'air d'être «téflonisés». Vous voyez le genre. Pendant qu'ils voguent doucement sur les flots de la vie, ils semblent n'avoir jamais aucun problème qui leur colle à la peau. On a l'impression qu'ils ne reçoivent jamais les blâmes. Ce n'est jamais vraiment le cas, bien sûr. Tout le monde est source de problèmes et vit des problèmes. L'analogie avec le téflon nous fait voir que lorsque nous recevons des reproches, nous avons simplement besoin de laisser parfois les choses glisser doucement.

Dégagez-vous

Est-ce que quelqu'un vous lance des injures pour un bouchon de circulation dont vous n'êtes pas responsable? Laissez tomber.

Est-ce qu'un inconnu est en colère contre vous parce qu'il croit que vous avez fait quelque chose? Ne vous offusquez pas.

Est-ce qu'un individu vous traite de tous les noms sans raison apparente? Refusez de vous mettre en colère.

Ne laissez pas une vaine remarque colérique, insultante ou dénigrante vous rester sur le cœur ou couver dans votre esprit.

Ne faites pas rejouer la scène dans votre tête.

N'allez pas vous engager dans une discussion ou répondre par des insultes.

Vous n'êtes pas responsable de la mauvaise humeur ou du manque d'éducation d'autrui. Ne restez pas là à entendre quelqu'un se défouler de ses frustrations sur vous.

Ne prenez pas tout au pied de la lettre

Quand quelqu'un perd la maîtrise de ses émotions et déverse sur vous, sans raison, sa colère ou sa frustration, ne laissez pas cet événement gâter votre journée.

Ne prenez pas au sérieux ce qu'on vous dit. Ne vous arrêtez pas aux mots.

Ne perdez pas d'énergie à penser à un quolibet ou une réfutation habile.

Ne repensez même pas aux mots.

Ne laissez pas la mauvaise humeur ou la mauvaise estime de la personne détruire votre journée ou votre propre estime. Si vous le faites, vous allez faire reposer votre estime personnelle et votre confiance sur des informations erronées et incomplètes. Ne basez votre estime personnelle que sur ce qu'on vous dit:

- à vous, oui, à vous, en tant qu'être humain et non pas à vous qui êtes là par hasard.

- sur un ton calme et rationnel.

- avec sincérité, de sorte que le message met en équilibre vos défauts et vos qualités.

34 *Suivez un cours d'autodéfense*

*É*prouvez-vous un sentiment d'impuissance? Avez-vous peur même dans votre maison?

Avez-vous peur de marcher dans la rue quand vous êtes seul?

Si vous demeurez dans un quartier dangereux, déménagez! Si vous êtes habité par des sentiments de peur et d'impuissance, envisagez de suivre un cours d'autodéfense.

Apprenez comment éviter qu'on s'attaque à vous ou à vos biens. Vous pouvez réduire vos chances de devenir une victime en apprenant certaines techniques relativement simples. Dans un cours d'autodéfense, par exemple, vous pouvez apprendre comment porter sur vous un sac à main ou un portefeuille, et comment vous habiller pour décourager l'éventuel voleur à la tire. Vous pouvez apprendre des trucs de sécurité. Par exemple, si votre voiture est garée dans un stationnement intérieur sombre, demandez à quelqu'un de vous accompagner jusqu'à votre voiture et ensuite conduisez-la à sa propre voiture.

Apprenez comment vous protéger si on vous attaque. Renseignez-vous auprès du poste de police de votre quartier pour savoir où vous pouvez suivre un cours d'autodéfense. Vous pouvez également vous informer auprès des organismes du quartier et des centres universitaires.

Apprenez comment surmonter une agression ou un vol. Rien n'est peut-être plus préjudiciable à son sentiment de bien-être et de valeur personnelle que de se faire agresser ou blesser. Si vous avez subi une telle expérience, demandez de l'aide. Ne laissez pas les souvenirs vous affliger. Ne présumez pas que «vous en viendrez à bout» et n'essayez pas d'oublier l'événement comme si rien ne s'était passé. Quelque chose est *bel et bien* arrivé et vous ne pourrez pas vous berner en pensant autrement; si vous ne donnez pas libre cours aux émotions provoquées par cette expérience, elles vont exploser un jour. Demandez aussi à votre famille et à votre conjoint de vous aider; vous aurez besoin de leur appui incessant. Dans bien des cas, les membres de votre famille auront besoin à leur tour d'être aidés pour composer avec leurs propres émotions.

Apprenez comment faire face aux agressions verbales. Les paroles blessent vraiment, parfois bien plus que des bâtons et des pierres. Un bon cours d'autodéfense devrait comprendre des techniques pour faire face autant aux agressions verbales que physiques. Si votre présent cours n'y fait pas référence, trouvez-vous un cours qui les offre.

En apprenant les techniques d'autodéfense, vous acquerrez aussi la confiance qui découle de la connaissance et de la pratique. Vous savez quoi faire. Vous êtes *capable* de faire face à une crise. Vous êtes *capable* de la surmonter.

35 Acquittez-vous de vos dettes

S i vous êtes toujours en train de jongler avec des nombres négatifs, il est difficile d'avoir une pensée positive à propos de vous-même. Prenez la décision de régler vos comptes avec le monde.

Élaborez un plan

Vous avez peut-être besoin de conseils financiers pour vous apprendre comment vous tirer d'un mauvais pas. Un conseiller suggère de faire un biscuit plastifié de nos cartes de crédit. Il conseille sérieusement de faire fondre toutes nos cartes de crédit et d'apprendre à payer comptant seulement.

Fixez-vous un échéancier

Précisez une date maximale pour rembourser vos dettes personnelles.

«Mais en ce qui concerne ma maison?», me direz-vous. «Cela va me prendre 30 ans pour la payer. Est-ce que je vais devoir attendre aussi longtemps pour améliorer mon estime personnelle?»

Mais non. Tout d'abord, vous pouvez peut-être re-négocier une nouvelle hypothèque échelonnée sur 15 ans ou verser à chaque année un ou deux paiements de plus sur le capital. Cela vous ferait gagner plusieurs années et un montant d'argent appréciable, en même temps. Néanmoins, d'une manière générale, votre maison représente un actif. Elle possède de la valeur au plan fiscal et il est tout à fait probable que sa valeur augmentera.

Ouvrez un compte d'épargne et souscrivez à un régime enregistré d'épargne-retraite

En même temps que vous réduisez vos dettes, mettez de côté chaque mois une somme d'argent qui viendra allonger la colonne de vos actifs. Vos économies feront dire à votre moi intérieur: «Non seulement je vaux mon pesant d'or, mais j'ai de l'or qui prend du poids!»

À mesure que vous remboursez vos comptes, faites un dépôt dans votre compte d'épargne. Diversifiez vos économies en faisant des placements sûrs comme les certificats de dépôt garantis par le gouvernement et les valeurs mobilières de qualité supérieure, les bons municipaux et ainsi de suite. Encore une fois, consultez un expert.

Imaginez comme vous vous sentirez bien quand viendra le jour où:

- vous n'aurez plus de dettes avec des intérêts à payer.
- tous vos biens vous appartiendront vraiment.
- l'hypothèque de votre maison sera entièrement remboursée.

- vous aurez une somme importante d'argent sous forme d'économies, de régime enregistré d'épargne-retraite et de placements sûrs.

36   *Allez travailler*

*A*vez-vous l'impression d'être à l'écart de la société? Avez-vous le sentiment de n'être utile à personne ou que personne n'a besoin de vous? Trouvez-vous un emploi. Travaillez de votre mieux. Goûtez-en tous les bienfaits!

Le bon vieux travail d'autrefois

Rien de tel que le travail pour dissiper le sentiment d'inutilité (et d'apitoiement sur soi qui l'accompagne). Les avantages qu'il procure à votre estime personnelle sont nombreux.

La somme d'argent qu'une personne gagne ne mesure pas vraiment son caractère — ni même sa véritable valeur sociale — mais indique que la personne contribue à son bien personnel et au bien collectif. Un travail vous aide *à vous voir comme faisant partie du développement continu* d'une communauté active.

Même si vous êtes bénévole et que vous ne revenez pas à la maison avec un chèque de paie, vous constaterez visiblement que *vous apportez votre contribution aux autres*. Quand vous n'êtes pas là, le travail ne se fait pas. L'occupation de ce poste fait dire à votre moi profond: «On a besoin de moi. Ce travail n'aurait pas pu se faire sans moi.»

Vous êtes responsable face aux autres, aux personnes qui exercent à tous les niveaux de l'entreprise. En devant répondre aux autres, vous développerez le sens des responsabilités envers eux et pour eux. Encore une fois, personne n'a jamais mieux rempli ce poste que vous.

Le travail vous aide *à discipliner les autres aspects de votre vie*. Il tend à vous rendre plus conscient de vos aptitudes en communication. Mieux vous communiquez dans l'arène publique, plus les autres ont tendance à vous respecter. Plus ils vous manifestent de respect, plus vous avez tendance à vous respecter vous-même.

Vous voyez les progrès dans votre vie. Les projets sont terminés. Les trucs se font. Les publications sont imprimées et distribuées. Les gens reçoivent de l'aide. Les clients ou les acheteurs sont satisfaits, les contrats sont signés. Les graphiques indiquent une croissance des ventes. Les bonnes réalisations méritent des augmentations et des promotions. De nouvelles compétences s'acquièrent en cours d'accomplissement.

Quand vous avez un travail, vous êtes placé dans une situation où vos compétences personnelles et vos réalisations sont plus à même d'être remarquées et récompensées par les autres — et si ce n'est pas par les autres, ce sera par vous-même, certainement!

37 Transformez votre image

L'apparence physique a un impact direct sur l'estime de soi. Nous nous souvenons tous de ce que nous avons éprouvé la fois où nos cheveux ne voulaient pas rester attachés, où nous nous étions «fait prendre» sans maquillage; ou encore de cette occasion où, lors d'un événement chic, nous n'avions pas revêtu la tenue de circonstance. Nous voulions courir nous cacher. Et ces sentiments se sont probablement infiltrés dans notre perception globale de nous-même, contaminant légèrement notre estime et notre confiance en soi.

Quand nous paraissons bien, nous ne pouvons pas faire autrement que de nous sentir bien dans notre peau.

La plupart d'entre nous ont appris, par l'intermédiaire de leurs parents, à choisir leurs vêtements, à se coiffer, à se maquiller ou se raser, et à agencer leurs accessoires. Mais certains de nos parents connaissaient bien peu de choses.

Certains d'entre nous sont encore enlisés dans la même image surannée d'il y a 20 ans.

Il vient un temps où chacun de nous, à l'âge adulte, devrait consulter les professionnels de la beauté pour paraître à son avantage. Repartez de zéro. Oubliez vos anciennes méthodes. Allez consulter des professionnels pour qu'ils vous conseillent sur les points suivants:

Comment vous coiffer

Vous serez peut-être obligé d'essayer plusieurs coupes de cheveux ou même d'expérimenter quelques permanentes ou colorations avant de décider avec votre coiffeur ce qui vous avantage le mieux pour le moment. Demandez à votre coiffeur de vous enseigner des trucs et des techniques que vous pouvez utiliser à la maison pour réussir votre coiffure. Racontez-lui le style de vie que vous menez. Par exemple, si vous voyagez beaucoup, si vous avez un horaire chargé de travail et de sorties mondaines, ou si vous faites beaucoup d'activités sportives. Laissez votre coiffeur vous suggérer un style de coiffure en rapport avec votre façon de vivre, votre aptitude à vous coiffer, votre type de cheveux et la forme de votre visage. Vous voudrez peut-être vous aventurer dans le monde des perruques et des postiches.

Comment vous maquiller

Insistez pour que le maquilleur vous enseigne plusieurs types de maquillage, selon que vous travaillez, que vous êtes en congé, que vous avez une sortie mondaine. Demandez-lui aussi de vous montrer les techniques spéciales de maquillage pour les fois où vous allez vous faire photographier.

Comment vous habiller

Vous voudrez peut-être connaître l'analyse de vos couleurs ou l'analyse de vos proportions. Plusieurs consultants se servent aujourd'hui d'ordinateurs pour vous montrer la façon de réussir des allures différentes ou pour vous donner une idée de votre apparence avec divers styles. Ayez recours à quelqu'un pour vous aider à vous monter une garde-robe dont les éléments pourront se coordonner au maximum, pour un prix minimum. Apprenez les noms des nouveaux genres de vêtements. Demandez des renseignements aux personnes qui vous servent. «Qu'est-ce qui irait bien avec ceci?» «Comment cela se porte-t-il?» «Que suggérez-vous pour la taille et la forme de mon corps?» Faites modifier vos vêtements chaque fois que c'est nécessaire pour qu'ils puissent toujours vous aller comme un gant.

Comment agencer les accessoires

Si vous portez des lunettes, faites de votre monture l'accessoire le plus en vue. Apprenez à choisir vos accessoires pour qu'ils soient proportionnés à votre taille; observez autour de vous les circonstances dans lesquelles on porte certains styles de bijoux, de chaussures et de sacs à main. Demandez qu'on vous aide pour coordonner vos cravates à vos tailleurs et vos ensembles décontractés. Apprenez comment nouer vos foulards. Aventurez-vous dans le monde des chapeaux.

Exploitez la mode en votre faveur afin de stimuler votre estime personnelle. N'adoptez pas un style sous prétexte que c'est la mode. Adoptez le style qui *vous* convient. En agissant ainsi, vous serez en mesure d'affronter le monde chaque jour en lui présentant votre meilleur angle!

38 Vivez une nouvelle expérience

*F*aites quelque chose d'insolite. Essayez quelque chose qui vous tente depuis toujours. Explorez cette partie du monde que vous avez toujours eu envie de voir.

Acquérir de nouvelles expériences est une façon merveilleuse de stimuler votre confiance pour découvrir le monde, le savourer...et survivre! Plus vous réussissez à vivre des expériences agréables, plus vous augmentez votre valeur personnelle.

Pour maximiser les bienfaits qu'une nouvelle expérience peut procurer à votre estime personnelle et votre confiance, vous devez suivre les trois lignes de conduite suivantes:

1. *Choisissez quelque chose que vous voulez vraiment faire.* Ne vous faites pas dire que vous devriez faire telle chose ou aller à tel endroit simplement parce que tout le monde le fait. Décidez de votre propre orientation.

2. *Choisissez une activité ou un voyage pour lesquels vous avez à la fois l'argent et le temps.* Les dettes et la fatigue sont deux expériences dont vous pouvez vous passer. (En fait, elles vont à l'encontre d'une saine estime de soi).

3. *Choisissez une activité qui respecte votre code de l'honneur.* Ne vous rebellez pas contre votre système de valeurs. Vous éprouverez de la culpabilité, et c'est une expérience sans rapport avec l'amélioration de l'estime de soi et la confiance.

Si vous avez toujours désiré apprendre la danse sociale, inscrivez-vous aux cours gratuits qui sont actuellement en promotion.

Si vous avez toujours désiré apprendre à piloter un avion, économisez votre argent et prenez des cours.

Si vous avez toujours rêvé d'aller à Paris, commencez à élaborer un plan pour vous y rendre.

Si vous avez toujours rêvé de faire une croisière en Alaska, commencez à en parler à votre agent de voyages.

Ne présumez pas que vous irez «un jour». Ce jour arrive rarement. Commencez à fixer des dates et à planifier en ce sens. Dans certains cas, l'activité que vous rêvez d'entreprendre peut vous demander d'être en meilleure condition physique que vous ne l'êtes aujourd'hui: commencez à vous mettre en forme et à vous préparer.

Les nouvelles expériences vous encouragent. Elles élargissent vos horizons. Elles servent de matières premières pour vos rêves, vos conversations, votre imagination et vos souvenirs. Elles enrichissent vos réflexions et développent votre courage pour relever ultérieurement de nouveaux défis.

Quelle nouvelle expérience *aimeriez-vous* tenter?

39   *Faites face à votre phobie*

*A*u début de ce livre, nous avons parlé de la façon d'affronter votre plus grande peur — votre sentiment de solitude. Votre phobie n'équivaut pas à votre plus grande peur, mais elle peut vous paralyser. Une phobie est cet état de panique qui vous frappe au creux de l'estomac, rend vos mains moites et votre bouche sèche.

Avez-vous peur

- des chiens?
- de l'avion?
- de conduire une voiture?
- des araignées?
- de parler en public ou même d'être devant un groupe?

Le blocage de votre évolution

Les peurs que nous avons acquises durant l'enfance peuvent nous hanter à plusieurs reprises durant toute notre vie. De telles appréhensions nous empêchent d'évoluer dans un certain secteur de notre vie. Quand cela se produit, nous avons moins confiance en nous que d'habitude, et nous perdons toute confiance dans ce secteur de la vie courante.

La conquête de vos peurs

Affrontez votre phobie! Recherchez de l'aide pour la surmonter.

Travaillez avec quelqu'un qui peut vous aider à surmonter votre phobie des chiens, des oiseaux, des araignées, des chats, des insectes ou de d'autres créatures. Il se peut que vous ne parveniez pas à désirer de tels animaux comme compagnons, mais vous pouvez au moins apprendre à ne pas devenir hystérique quand vous vous retrouvez dans la même pièce qu'eux!

Inscrivez-vous à un cours pour combattre votre «peur de voler». Plusieurs compagnies aériennes en offrent à présent.

Devenez membre des *associations où vous apprenez à vous exprimer en public*. Apprenez à faire face aux gens et à exposer vos idées devant eux.

Avez-vous peur des chevaux parce que vous avez été mordillé par l'un d'entre eux à l'âge de sept ans? Suivez une leçon d'équitation.

Avez-vous peur de l'eau parce que vous n'avez jamais appris à nager? Suivez des cours de natation!

Avez-vous peur de remonter sur une bicyclette parce que vous avez déjà fait une chute terrible? Essayez encore une fois!

Quand vous vous attaquez à votre phobie et que vous la domptez, vous ne pouvez pas faire autrement que d'éprouver une extraordinaire explosion de confiance et d'estime de soi. Alors qu'avant vous boitiez, voilà maintenant que vous marchez. Quelle raison de vous réjouir!

40 *Complimentez les autres*

L'une des meilleures choses qu'une personne qui se sous-estime puisse faire, c'est d'apprendre à complimenter les autres. Très souvent, elle se dit:

«Je ne peux pas complimenter les autres. Cela va me faire perdre quelque chose et je n'ai rien à donner.»

Ou encore:

«Je ne devrais pas complimenter cette personne. Je ne suis qu'un petit rien du tout, et elle n'a nul besoin ou nulle envie de mon compliment.»

Ces deux conclusions sont erronées.

Donner et recevoir

Plus vous complimentez les autres, plus les autres trouveront en vous de quoi vous complimenter. Plus ils vous complimenteront à leur tour (peut-être pas dans l'immédiat, mais plus tard), plus vous vous sentirez encouragé intérieurement.

Tout le monde a besoin de compliments. Nous n'en avons jamais assez! Lorsque vous complimentez quelqu'un, vous avez la satisfaction personnelle de savoir que vous lui avez donné quelque chose de bénéfique. Votre moi intérieur interprète ce geste comme: «Je suis capable de donner à autrui sans que je ne perde quoi que ce soit. Je possède des qualités plus durables que je ne le croyais.»

La façon de complimenter

Quand vous dites des compliments aux autres, souvenez-vous:

• Soyez sincère.

Parlez sincèrement. Ne dites pas quelque chose que vous ne pensez pas vraiment. Évitez de vous servir de qualificatifs absolus comme «extra-ordinaire» ou «fantastique».

• Soyez discret.

Ne transformez pas votre compliment en spectacle. Vous désirez peut-être écrire un mot ou parler à la personne une fois que tous les autres sont partis.

• Soyez personnel dans vos commentaires.

Dites: «Votre sermon m'a vraiment touché parce qu'il m'a amené à voir certaines choses d'une nouvelle façon.» ou «J'ai ri pendant tout votre sketch. Merci beaucoup de m'avoir fait rire. J'en avais bien besoin aujourd'hui.»

• Soyez bref et concis.

Vous pouvez toujours dire simplement: «Félicitations» ou «Je suis content que vous ayez gagné.» ou «Je suis heureux pour vous.» ou «C'était très bien.» N'exagérez en rien, ne prenez pas trop de temps, et ne vous répandez pas en compliments.

Dites votre point de vue et puis partez. Un compliment ne devrait pas devenir un moment de gêne ni pour vous ni pour l'autre personne.

La personne qui transmet des paroles d'encouragement est un être doté d'une grande force de caractère. Encourager autrui sert à développer cette force de caractère et à en être le reflet.

41

Passez un test d'aptitude ou de personnalité

*V*otre manque de confiance et d'estime de soi peut provenir en partie de votre incapacité à découvrir vos aptitudes innées qui vous conduiraient vers la réussite.

Le test d'aptitude

L'une des façons de découvrir vos talents, c'est de passer un test d'aptitude.

La plupart des écoles secondaires et des collèges, par l'intermédiaire de leurs conseillers d'orientation professionnelle, peuvent vous aider à repérer le test approprié et peut-être même à vous le faire passer. Les agences de main-d'œuvre offrent parfois de tels tests tout comme de nombreux conseillers et psychologues indépendants. Vous pouvez aussi vous renseigner auprès de votre guide spirituel, ou auprès de votre infirmière ou votre psychologue qui travaillent dans votre entreprise.

Il existe plusieurs sortes de tests qui évaluent différentes aptitudes et les mesurent de diverses façons. Néanmoins, à la fin d'un test d'aptitude, vous devriez normalement être en mesure d'en savoir plus sur votre:

- habileté manuelle
- habileté créatrice
- habileté à raisonner (logique)

Bien des tests peuvent vous indiquer les carrières et les professions qui vous conviennent le mieux et vous apprendre également quels sont vos points forts et vos points faibles naturels.

Le profil psychologique

D'autres tests sont disponibles pour vous aider à découvrir votre mode de relation à autrui ou l'image que vous projetez sur autrui. Le test Myers-Briggs est peut-être le plus connu d'entre eux.

Beaucoup de personnes s'aperçoivent, en passant ces tests, qu'elles ne sont ni meilleures ni pires que les autres, mais seulement différentes; ce qui les réconforte. Il n'existe rien de tel qu'un ensemble d'aptitudes idéales ou une personnalité exemplaire. Vous possédez des aptitudes uniques, des préférences et des aversions, et aussi des tendances exclusives. Moins de quelques heures après votre naissance, vous manifestez déjà les caractères spéciaux de votre personnalité.

42 *Adressez-vous des bénédictions personnelles*

A vez-vous déjà songé à vous adresser des paroles de bénédiction?

À plusieurs reprises, nous croyons que les bénédictions dans notre vie doivent être prononcées par ceux qui exercent une autorité sur nous, habituellement une autorité spirituelle: nos parents, nos prêtres, nos pasteurs, nos guides, nos professeurs. Il ne fait aucun doute que les bénédictions qui nous sont adressées par de telles personnes sont inestimables. Nous devrions faire appel à leurs bénédictions le plus souvent possible. En fait, nous devrions chercher avec ardeur à recevoir leurs bénédictions! Mais nous pouvons prolonger ces bénédictions ou les renouveler à tous les jours, en prononçant ou en appelant une parole de bénédiction sur notre propre vie.

Bénissez-vous!

Avant de quitter la maison, de commencer vos tâches, d'amorcer votre journée de travail, de réveiller le reste de la famille, regardez-vous dans le miroir et adressez-vous une bénédiction:

- «Que la paix de Dieu soit toujours avec toi.»
- «Toi qui es dans le miroir, va de l'avant aujourd'hui au Nom du Seigneur!»
- «Va en paix aimer et servir les autres.»
- «Sors et accomplis aujourd'hui tout ce que tu peux.»
- «En sortant dans le monde aujourd'hui, réjouis-toi.»
- «Que la paix de Dieu qui dépasse toute compréhension, garde ton cœur et ton esprit dans la connaissance et l'amour de Dieu aujourd'hui. Que Sa bénédiction soit sur toi et demeure en toi pour toujours.»
- «Puisses-tu être une bénédiction pour les autres aujourd'hui, et accepter avec reconnaissance les bonnes choses qui te seront données.»
- «Béni sois-tu. Tu dois être une personne bénie!»
- «Marche avec force, santé, puissance et amour partout où tu iras aujourd'hui.»

En vous adressant une bénédiction, c'est comme si vous vous donniez une injection stimulante d'encouragement et de confiance. Une bénédiction est un cri personnel de ralliement qui vous fait bomber le torse, relever le menton et affronter votre journée en rassemblant et en concentrant toute votre force intérieure.

43 Commencez à donner aux autres

C herchez à donner de votre temps et de vos talents pour aider autrui.

Faites une visite à l'hôpital des vétérans pour offrir vos services bénévoles à ceux qui sont en réhabilitation.

Rendez visite à l'hôpital pour enfants. Offrez-vous pour jouer des jeux avec les jeunes patients.

Faites une visite au centre des retraités, en particulier au département où les aînés sont confinés à leur lit.

Visitez les membres de votre église qui ne peuvent pas sortir de leur maison.

Allez faire un tour à la maison Ronald McDonald's de votre ville.

Visitez le centre des sans-abri.

Donnez-vous

Au fur et à mesure que vous vous engagerez auprès de personnes dans le besoin, vous ferez plusieurs découvertes à propos d'eux et de vous-même:

- Tout le monde a quelque chose à donner.
- Tout le monde a besoin de quelqu'un.
- Votre appui apporte un changement, non seulement dans leurs vies, mais au niveau de votre estime personnelle.

Parfois les autres personnes chez qui vous percevez un problème ne souhaitent même pas changer de place avec vous, car ils perçoivent un problème aussi chez vous!

Concentrez-vous à aider certaines personnes

Ne faites pas du bénévolat pour secourir les masses. Ne cherchez qu'à aider une ou deux personnes. Appelez-les par leur nom. Cherchez à les connaître. Trouvez des façons de les aider à mettre en relief leurs dons et leurs traits distinctifs. Ne cherchez pas à aider l'humanité, mais plutôt un être humain.

Développez votre potentiel

Ne faites pas du bénévolat par pitié. Mais bien parce que vous voulez vraiment aider une autre personne à avoir une meilleure qualité de vie et à aller encore plus loin dans le développement de ses capacités humaines. Et songez, par conséquent, que vous êtes en train d'évoluer et de développer davantage votre potentiel. Plus vous donnez, plus vous recevez.

44 *Recherchez la présence des aînés*

$\mathcal{N}$ ous avons besoin, dans la vie, de quelqu'un de plus vieux et de plus sage pour nous guider, nous aider et par-dessus tout, nous soutenir. Pour plusieurs d'entre nous, ces personnes plus vieilles et plus sages sont nos parents et nos grands-parents. Pour d'autres, leurs parents sont peut-être plus vieux, mais pas plus sages. La personne qui se sous-estime a bien souvent des parents qui l'ont mal conseillée, lui ont fourni un maigre appui, l'ont mal secourue, et l'ont peu ou pas soutenue du tout.

S'il n'y a personne de plus vieux et de plus sage dans votre vie, faites-vous un ami du genre. Il n'a pas besoin d'être beaucoup plus âgé que vous. Il peut simplement avoir plus de connaissances ou plus d'expériences que vous.

Recherchez la présence des aînés

Trouvez des façons d'aider vos vieux amis; encouragez-les et passez du temps avec eux. Apprenez vraiment à les connaître. Faites des sorties ensemble. Partagez des expériences. Engagez de longues conversations à vous raconter vos vies.

Demandez-leur conseil; faites appel à leur sagesse. Appréciez ce qu'ils ont à partager avec vous et exprimez-leur votre gratitude.

Recherchez un guide

Choisissez quelqu'un qui partage vos intérêts ou vos convictions. Vous pouvez avoir pour chacun de vos champs d'intérêt ou d'activités professionnelles différents guides. Ralliez-vous à quelqu'un qui consent et est disponible pour vous aider, quelqu'un qui vous soutient dans votre identité et vos capacités.

Recherchez un professeur

Un guide peut vous éclairer dans vos décisions et vos choix personnels. Un professeur partage avec vous des connaissances ou vous enseigne une compétence. Si vous voulez apprendre quelque chose, trouvez la personne la plus qualifiée et étudiez avec elle.

Parfois un guide est aussi un professeur et vice versa, mais parfois non. Parfois un professeur peut devenir un guide ou un ami. Choisissez d'être un excellent étudiant, et votre professeur deviendra non seulement un meilleur professeur, mais il sortira des limites de ses matières théoriques pour vous enseigner la vie.

En ayant un ami plus âgé, un guide, un professeur, vous aurez une personne âgée qui est de votre côté. Vous serez intimement lié à quelqu'un dont la vision sur la vie déborde la vôtre et qui voit en vous des qualités que les gens de votre âge ne peuvent pas distinguer. Vous aurez quelqu'un dans votre vie qui est content de vous encourager, de vous stimuler, et de vous pousser à la limite extrême de vos capacités.

45 Tenez un journal intime

onsignez par écrit votre vie. Notez les moments importants. Écrivez à propos de vos réussites. Faites une liste que vous pourrez consulter plus tard, de:

- vos rêves, comment vous aimeriez que soit votre vie.
- vos buts, ce que vous aimeriez faire, voir, accomplir ou réaliser.
- vos préférences et vos aversions.

Un journal quotidien

En tenant un journal quotidien, votre moi intérieur reçoit comme message: «Ma vie a de l'importance à mes yeux. Ce qui m'arrive extérieurement et intérieurement est digne d'être noté.»

Consignez vos pensées et vos sentiments, pas seulement ce que vous accomplissez. Relatez les dialogues significatifs et rédigez en détail les «il me dit» et les «elle me dit».

Un bilan rétrospectif annuel

Envisagez de prendre quelques heures à la fin de l'année pour faire un bilan rétrospectif des 12 mois précédents et pour rédiger en détail les événements les plus marquants de l'année. Notez les relations et les rencontres qui ont représenté quelque chose de spécial à vos yeux et donnez-en les raisons. Analysez les conflits que vous avez eus et tirez-en certaines conclusions.

Les listes

Tenez une liste des films que vous voyez, des livres que vous lisez, des projets manuels que vous terminez, des cadeaux que vous offrez, des voyages que vous faites, des événements culturels auxquels vous assistez. Non seulement découvrirez-vous que c'est une référence pratique pour planifier ses cadeaux et ses projets futurs (ou pour recommander des films et des livres excellents), mais vous aurez un document de première main pour vérifier ce que votre esprit a consommé. Pour chacune des inscriptions, faites une courte description de ce que vous avez aimé le plus ou de ce que vous en avez retiré.

De temps à autre, faites des listes sur les choses que vous aimez ou qui vous déplaisent, sur les problèmes que vous avez et comment vous prévoyez les résoudre, et sur vos idées nouvelles. La rédaction de vos idées et vos opinions sur papier vous aide à les structurer et à les développer.

Gardez vos résolutions du jour de l'An ou vos objectifs de longue haleine à un endroit où vous pouvez vous y référer de façon périodique. Pourquoi pas à la fin de votre journal? Vérifiez vos progrès de temps à autre. Fixez-vous de nouveaux objectifs lorsque les anciens sont atteints.

Le profil de votre personnalité

Écrivez dans votre journal comment vous vous percevez. Faites une liste des caractéristiques que vous voulez «être», des qualités que vous voulez posséder dans votre vie. Identifiez vos objectifs les plus importants. Transposez en mots ce que vous pressentez être votre raison d'exister. Quand vous avez le cafard, consultez votre journal. Relisez à propos de la personne que vous êtes et la personne que vous aspirez à être. N'oubliez jamais que vous *êtes* aussi bien vos buts et vos rêves que vos réalisations passées.

Le journal intime est *votre* outil de référence. Rédigez des notes à votre sujet et à votre intention. Vous allez découvrir indubitablement que vous aimez, de temps à autre, lire sur vous-même! C'est une bonne façon de développer une saine opinion de vous-même.

46 *Corrigez-le ou acceptez-le*

*É*vitez-vous de sourire parce que vos dents sont croches ou jaunies?

Détestez-vous sortir en public parce que vous croyez que tout le monde fixe votre nez?

Vous sentez-vous trop gros — ou trop maigre — pour être aimé?

Évitez-vous de trop vous rapprocher des gens parce que vous craignez de les offenser d'une quelconque manière?

Avez-vous pitié de quelqu'un qui porte des lunettes parce que vous-même en portez?

Détestez-vous vous voir devenir chauve au point de commencer à vous haïr?

Corrigez votre problème!

L'assistance professionnelle

Voyez votre dentiste, votre médecin, votre ophtalmologiste ou votre dermatologue. Vous pourriez être capable de faire quelque chose au sujet de ce défaut physique qui vous agace, et cela pour moins cher et plus vite que vous ne le croyez.

L'appareil dentaire peut se révéler le moyen. Les lentilles cornéennes peuvent être la solution. Vous voudrez peut-être explorer la possibilité d'une chirurgie dentaire ou esthétique. Vous voudrez peut-être parler avec votre médecin des greffes capillaires.

Effectuez, en même temps, une démarche introspective avec un conseiller professionnel pour analyser pourquoi et comment votre apparence extérieure affecte votre moi profond. Discutez des problèmes que votre apparence physique vous crée selon vous. Réexaminez votre désir de bien paraître et demandez-vous jusqu'à quel point vous espérez changer votre apparence. Réévaluez l'objectif que vous souhaitez réaliser à travers les transformations de votre apparence.

Pas d'excuses

Faites face à la réalité: certaines de vos caractéristiques physiques sont impossibles à changer. Il est peu probable que vous puissiez grandir ou rapetisser par exemple. Changez ce que vous pouvez sans que cela soit préjudiciable à votre santé et apprenez à accepter ce que vous ne pouvez pas modifier.

Ne subissez pas de chirurgie inutilement. Chaque mode opératoire chirurgical comporte certains risques et certains effets secondaires éventuels. Évaluez sérieusement s'il faut absolument «passer au scalpel» votre visage ou votre corps en vue de réaliser votre objectif d'une apparence acceptable.

Cessez de vous plaindre de votre apparence physique. Dépensez-vous, faites ce que vous pouvez et puis acceptez-vous. N'attirez pas continuellement l'attention sur ce que vous considérez comme un défaut.

Cessez de prendre comme excuse votre apparence physique pour ne pas participer, ne pas vous mêler, ne pas sortir. Cessez d'utiliser votre apparence physique pour justifier vos échecs ou votre manque de motivation.

Changez votre nom

Certaines personnes ont envie de rentrer sous terre chaque fois qu'on prononce leur nom ou leur surnom. Si vous faites partie de ce groupe, voyez un avocat — ou consultez un bibliothécaire — qui vous indiquera la procédure juridique pour faire changer votre nom. Faites réimprimer vos cartes professionnelles avec le nom que vous désirez porter. Signez vos cartes de Noël de votre nouveau nom afin que les autres l'utilisent correctement sur leurs cartes de vœux. Signalez à vos amis que vous ne voulez plus qu'on vous appelle par votre surnom. Votre nom vous appartient! Même s'il vous a été donné par quelqu'un d'autre, il est en votre pouvoir de le changer s'il ne vous plaît pas.

47

Ne laissez pas les autres ressasser le passé

*R*ien n'est plus agaçant ou plus nuisible, peut-être, pour une personne qui essaie de réhabiliter son estime de soi que de se faire continuellement rappeler un échec, une blessure ou une épreuve du passé.

Que faut-il répondre?

Lorsque vous rencontrez quelqu'un qui essaie de revenir sur un incident que vous aviez déjà oublié et que vous préférez taire, dites-lui:

• «Tu m'excuseras, mais je préfère ne pas parler de mon divorce. J'essaie de continuer ma vie et de prendre les choses comme elles sont et comme elles viennent, et non pas comme elles étaient ou comme je voudrais qu'elles soient.»

• «Je te remercie pour ta sollicitude, mais cela fait partie de mon passé maintenant. Je sais que Dieu m'a pardonné cette erreur, et que j'ai fait de grands efforts pour me pardonner et pardonner à toutes les autres personnes en cause. J'espère que tu peux leur pardonner, me pardonner aussi et m'aider à mettre cela derrière moi.»

- «J'essaie de me souvenir exclusivement des bons moments.»

- «Hier, c'était hier. Aujourd'hui, c'est aujourd'hui. J'aime vraiment mieux ce qui m'arrive aujourd'hui.»

- «Je sais que cela fait partie de ma vie, mais je m'applique maintenant à me créer un bel avenir.»

Plus que des crises

Parfois les gens qui reviennent sur le passé le font pour essayer de vous montrer qu'ils sont vos alliés, qu'ils sont de votre côté. Ou encore, les gens ne savent tout simplement pas quoi vous dire d'autre! (Bien souvent un divorce, un décès ou une autre blessure de taille pour l'estime de soi semble être depuis tellement longtemps le principal sujet de conversation que nous avons oublié — et les autres aussi — qu'il existe d'autres champs d'intérêt et d'autres aspects dans notre vie).

Acceptez l'intérêt qu'ils vous portent et remerciez-les pour leur amitié. En même temps, changez de sujet en leur parlant d'une expérience que vous avez partagée avec eux ou que vous pourriez partager. Montrez à vos amis en question que votre vie ne se résume pas qu'à un incident douloureux ou une crise majeure. C'est en leur démontrant cela que vous renforcerez l'idée en vous-même!

48   *Effectuez un seul changement majeur à la fois*

C ertains événements dans la vie nous jettent à la renverse, que nous le voulions ou non: un décès, un divorce, la perte d'une entreprise ou d'un emploi, le départ des enfants, la crise de la quarantaine, la ménopause, changer de ville, la retraite, le mariage, son premier emploi, son premier enfant. Nombreux sont les «grands événements» dans notre vie, et ils entraînent immanquablement des changements.

Les grands événements

Dans la mesure du possible, n'effectuez qu'un seul changement majeur à la fois dans votre vie. Vous aurez de meilleures chances de le réussir et, de cette façon, vous retrouverez l'équilibre dans votre estime personnelle et parviendrez à avoir confiance dans votre nouvel environnement, votre nouveau groupe ou votre nouvelle compétence. Par exemple, évitez de faire coïncider un nouvel emploi et un nouveau mariage, ou évitez de divorcer durant votre crise de la quarantaine.

Malheureusement, suite à un divorce ou un décès, plusieurs personnes se retrouvent, de façon simultanée et immédiate, seules dans leurs rôles de parent, de compagnon et de pourvoyeur. Ce sont autant de raisons additionnelles d'établir un solide groupe d'amis sur lequel vous pouvez vous appuyer et demander de l'aide. Personne ne peut faire face tout seul à tant de nombreux changements en même temps.

Sur une plus petite échelle

Non seulement devriez-vous éviter d'entreprendre plus d'un changement majeur à la fois dans votre vie, mais vous devriez vous préserver de ceci:

Évitez de modifier plusieurs mauvaises habitudes en même temps. Ne prenez qu'une seule résolution importante au jour de l'An. La promesse de faire beaucoup de changements en vous, du jour au lendemain, est vouée à l'échec!

Évitez de devenir membre de plusieurs nouveaux groupes en même temps. Au contraire, fixez-vous comme objectif de connaître à fond les membres d'un seul et unique groupe pour commencer.

Évitez de réaliser plusieurs buts importants en même temps. Pensez en termes de «succession» plutôt que de «simultanéité» lorsque vous envisagez d'apporter des changements dans votre vie.

Évitez de vous concentrer sur plusieurs projets en même temps. Vous vous trouverez immanquablement en train de penser à l'un alors que vous devriez justement être en train de penser à l'autre.

Évitez de faire du bénévolat pour plusieurs groupes en même temps. Lorsque vous vous dévouez en trop d'endroits ou envers trop de gens, cela suppose, en général, que vous devez trop disperser vos efforts pour réussir ou pour avoir du plaisir dans ce que vous faites. Le problème clé ici concerne le nombre de vos engagements et le temps que vous devez y consacrer. Vous vous apercevrez peut-être qu'il est possible de composer avec plusieurs engagements qui exigent peu de votre temps.

Essayer trop de choses à la fois détraquera votre système en entier. Plutôt que de réussir l'un de vos objectifs, il est très probable que vous les échouerez tous. Cela portera un coup terrible à votre estime personnelle et à votre confiance, juste quand vous pensiez que vous étiez en train d'évoluer, de vous améliorer ou de recouvrer la santé!

49 *Voyez votre vie d'un œil nouveau*

*V*ous êtes tellement pris par votre train-train quotidien souvent que vous oubliez peut-être d'envisager votre situation dans une perspective globale. Arrêtez-vous de temps à autre pour vous rappeler *pourquoi* vous faites ce que vous faites, *où* vous avez décidé d'aller (au sens figuré, mais dans certains cas, au sens propre également), et *comment* vous voulez vraiment ordonner vos jours et passer vos heures.

Questions de fond

Posez-vous deux séries de questions:

Quand j'étais enfant, qu'est-ce que je voulais vraiment faire plus tard?

Quand j'étais enfant, quels étaient mes jeux préférés?

Très souvent, chez l'enfant, sa vision de vie et ses activités préférées en viennent à révéler très fidèlement les talents, les aptitudes et les désirs fondamentaux de son être. Par exemple, il n'est pas rare que le petit garçon, qui rêvait d'être pompier, se retrouve comme agent du personnel ou employé

aux relations publiques, car il possède une aptitude extraordinaire à «éteindre les incendies» qui
ravagent la vie d'autrui. (Le gros camion rouge est
optionnel).

L'enfant qui aimait s'amuser avec les poupées
en papier, les habiller avec différents accessoires,
leur confectionner de nouveaux vêtements, et leur
créer des décors est souvent doué pour entrer dans
le monde du prêt-à-porter ou dans le domaine de
la création (le dessin de mode, la décoration intérieure, les arts graphiques, et ainsi de suite).

Que représente pour moi une journée parfaite?

Votre façon d'envisager une «journée parfaite»
révèle souvent vos priorités. La journée idéale, à la
différence de la journée présente, comporte presque toujours une atmosphère relaxante et paisible,
des contacts humains où la communication est sa-
tisfaisante.

Pour un instant, cessez de penser à votre journée idéale. Et demandez-vous plutôt: «*Qu'est-ce
que je dois changer dans mon horaire, mon agenda et ma
façon de vivre pour jouir de plus de journées parfaites?*
(N'oubliez pas que personne ne peut vivre une vie
parfaite. Vous pouvez néanmoins reproduire souvent votre journée idéale!)

La mise au point

Servez-vous de ces questions pour amorcer
une conversation avec votre conjoint. Si vous vivez
seul, répondez par écrit à ces questions. Il se peut
fort bien que vous parveniez à trouver des solu-
tions pour mettre au point votre horaire quotidien,

faire les modifications dans vos rendez-vous, et vous fixer de nouveaux buts (comme de retourner aux études ou d'entreprendre une nouvelle formation professionnelle peut-être).

La façon d'envisager votre vie se fonde sur vos priorités — ces choix que vous considérez comme très importants pour vous — et vos valeurs, le système de croyances d'après lequel vous établissez vos priorités. Le rétablissement de vos valeurs sur lesquelles s'appuient vos nouvelles priorités peut conduire à la croissance de votre être.

50   *Passez du temps avec des enfants*

*E*n passant du temps avec de jeunes enfants, vous jouerez les rôles de professeur, de guide et de participant.

La liberté de jouer

Lorsque vous vous accordez la permission de vous asseoir par terre avec les enfants et de jouer avec eux (à ce qu'ils veulent jouer), vous devenez à la fois un copain plus âgé et un participant.

En jouant tous ces rôles, vous pouvez développer votre estime personnelle. Quelle sensation extraordinaire lorsqu'un enfant de deux ans vous déclare: «J'aime jouer avec toi; t'es drôle.» ou encore vous demande: «Vas-tu revenir très bientôt?» ou bien raconte: «Je l'ai aidé à faire cela; il m'a montré comment faire!»

La liberté de ranimer votre curiosité

Lorsque vous pénétrez le monde d'un enfant — que vous vous mettez vraiment à sa portée et découvrez la vie avec lui — vous vous donnez l'occasion de ranimer votre sens du jeu, de l'émerveillement et votre curiosité. Il est bien possible que vous réveilliez des sensations et des idées qui sont enterrées depuis longtemps. Mais elles peuvent se révéler une thérapie salutaire pour votre estime personnelle.

Les enfants ont une grande capacité de courir des risques.

Laissez un peu de leur attitude «téméraire» déteindre sur vous et augmenter votre confiance.

Par moments, la fréquentation d'enfants peut déterrer des souvenirs douloureux; votre amitié avec un enfant peut faire surgir des sentiments d'innocence perdue ou faire naître le désir d'épargner à l'enfant la peine que vous avez connue. Évitez de lui parler de votre peine. Analysez ces sentiments par vous-même ou avec un adulte en relation d'aide. Cherchez à guérir ces mauvaises expériences de votre enfance.

Quelle que soit l'enfance que vous avez eue, vous avez toujours la capacité de vous rapprocher d'un enfant, en ayant à l'esprit cette intention: «Je veux t'aider à vivre une meilleure enfance que la mienne. Je veux qu'avec moi tu découvres plus le monde, que tu éprouves plus de joie, que tu explores davantage tes talents et tes idées, que tu ries plus et même que tu réalises plus tes capacités que tu ne le pourrais par toi-même.» Lorsque vous êtes en relation avec un jeune enfant et que vous adoptez cette perspective, vous devenez également capable de transposer cette perspective dans votre propre vie. Votre estime personnelle et votre confiance revivront une seconde jeunesse.

51 *Promettez de faire mieux*

otre culture ne comporte pas de mécanisme pour «délivrer» quelqu'un de sa promesse. Nos intentions et nos engagements sont rarement révoqués d'une manière cérémonieuse, bénéfique, ou souhaitable qui serait juste et profitable à toutes les parties en cause. Nous *transgressons* nos promesses. Nous *brisons* les cœurs. Nous *détruisons* des familles ou des associations. Nous *rompons* la communication. En cours de route, nous brisons une partie de ce que nous sommes.

La seule façon de se faire pardonner une promesse brisée, c'est de promettre de faire mieux.

Le critère

Une «meilleure promesse» est tournée vers l'avenir et se donne un critère plus élevé. Si elle remplace la promesse précédente, elle n'en nie pas pour autant sa valeur, mais exprime plutôt le désir qui naît de l'espoir et de la détermination que le futur apportera la guérison et la puissance.

Prononcez votre nouvelle promesse en vous-même et pour vous-même. Ne promettez pas de faire quelque chose parce que quelqu'un d'autre insiste ou vous harcèle pour que vous le fassiez. Vous briseriez inévitablement une telle promesse. Ne faites que des promesses qui exigent quelque chose de vous-même — c'est habituellement quelque chose de plus ou de meilleur. Ensuite, ayez assez d'amour-propre pour remplir la promesse que vous avez prise envers vous-même.

L'engagement

Ne déclarez pas publiquement votre engagement ou votre intention à moins d'être sérieux à 100 % au sujet de cet engagement et d'être déterminé au maximum à faire *tout* ce qu'il faudra pour remplir votre nouvelle obligation — y compris de faire des choses que vous pouvez peut-être trouver douloureuses ou difficiles. Par exemple, ne promettez pas à votre enfant que vous ne raterez plus aucun des événements importants de sa vie, si vous n'êtes pas disposé à dire non à votre patron quand il vous demandera d'assister à la session de formation le vendredi soir.

Le positif

Formulez vos promesses de façon positive. Ne vous dites pas: «Je ne divorcerai jamais plus.» Dites plutôt: «Quand je me remarierai, je promets de consacrer à mon mariage mes plus grands efforts et d'en faire ma priorité majeure.»

Ne faites pas une promesse qui affecte ou annule une autre promesse que vous avez déjà faite et envers laquelle vous êtes toujours lié. En d'autres mots, n'utilisez pas une «nouvelle promesse» pour amoindrir ou briser une autre promesse toujours en vigueur. Par exemple, ne promettez pas à un partenaire que vous allez lui consacrer le meilleur de vos idées et de votre énergie pour une entreprise à temps partiel si vous avez déjà pris l'engagement envers vous-même de réussir dans votre emploi à plein temps et de devenir le meilleur employé de la compagnie!

L'accessible

Finalement, ne faites pas une «meilleure promesse» à la légère. Soupesez vos échecs passés. Évaluez sérieusement votre désir et votre capacité de faire certains changements. Assumez seulement les promesses que vous croyez réellement pouvoir tenir. Ne vous engagez qu'envers ce que vous croyez être réalisable. Par exemple, ne vous promettez pas de faire tout ce qu'il faut pour devenir un nageur olympique si vous avez actuellement 50 ans!

Les promesses sont les déclarations les plus sérieuses qui puissent être faites à autrui et à soi-même. Prenez-les au sérieux. Faites ce qu'il faut pour les remplir. Si vous en brisez une, promettez de faire mieux. Lorsque vous tenez les promesses que vous faites, vous jetez les fondements de votre estime de soi d'une manière unique que rien d'autre ne saurait remplacer.

52 *Demandez le secours de Dieu*

*T*ournez-vous vers votre Créateur pour connaître le sens de votre identité. Il vous a créé.
Faites-Lui confiance pour qu'Il:

- vous montre un moyen de vous sentir revivre.
- vous révèle la voie de la délivrance.
- guérisse ce qui est malade, répare ce qui est
  brisé et cicatrise ce qui est blessé.
- vous aide à identifier les domaines dans lesquels vous devez apporter des changements,
  et vous donner l'énergie et la volonté de les
  faire.
- recolle les morceaux de votre vie brisée.
- purifie vos souvenirs et vous libère de votre
  culpabilité.
- vous montre dans quel but Il vous a créé.

Avouez à votre Créateur que vous êtes blessé,
en manque d'affection. Demandez à Dieu de vous
secourir.

Reposez-vous sur l'aide divine

Pour développer votre estime personnelle et
votre confiance, vous ne pouvez agir que dans une

certaine mesure. Les autres ne peuvent vous aider tellement plus. Profitez de la sagesse et de la puissance divines. Celui qui vous a créé connaît tout de vous, y compris votre plein potentiel. Explorez la personne que vous êtes en tant qu'être humain créé par Lui. Orientez-vous dans cette direction d'être tout ce que vous pouvez être, car Il vous a créé unique.

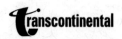

Imprimé au Canada par
Transcontinental Métrolitho